CB073202

RELIGIÃO

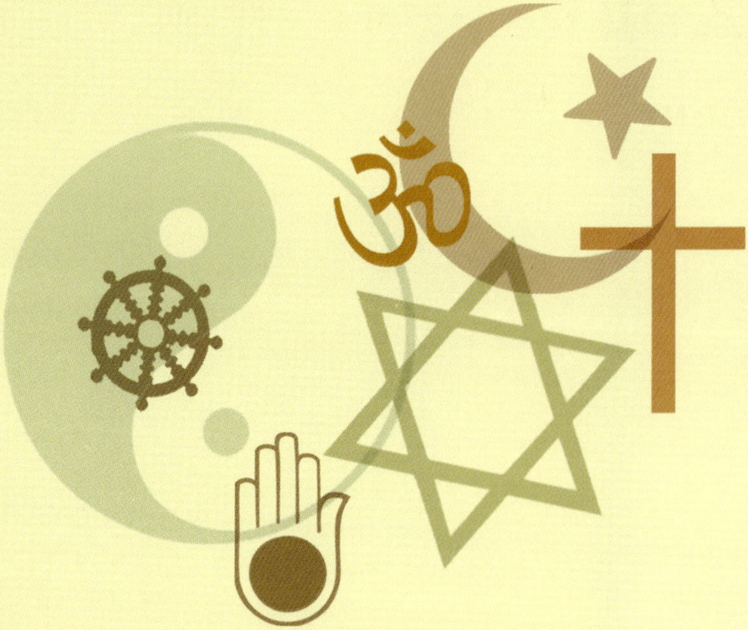

RELIGIÃO

50 conceitos e crenças fundamentais explicados de forma clara e rápida

Editor **Russell Re Manning**

PUBLIFOLHA

Título original: *30-Second Religion*

Publicado originalmente na Grã-Bretanha em 2011 pela Ivy Press Limited,
210 High Street, Lewes, East Sussex, BN7 2NS, Inglaterra.

Copyright © 2011 Ivy Press Limited
Copyright © 2016 Publifolha Editora Ltda.

Todos os direitos reservados. Nenhuma parte desta obra pode ser reproduzida, arquivada ou transmitida de nenhuma forma ou por nenhum meio sem a permissão expressa e por escrito da Publifolha Editora Ltda.

Proibida a comercialização fora do território brasileiro.

Coordenação do projeto **Publifolha**
Editora-assistente **Andréa Bruno**
Produtora gráfica **Samantha R. Monteiro**

Produção editorial **Página Viva**
Edição **Carlos Tranjan**
Tradução **Luis Reyes Gil**
Revisão **Paula B. P. Mendes, Juliana Prado**
Diagramação **Yara Penteado Anderi**
Consultoria **Rafael Rodrigues da Silva, livre-docente em teologia pela Pontifícia Universidade Católica de São Paulo**

Edição original **Ivy Press**
Diretor de criação **Peter Bridgewater**
Publisher **Jason Hook**
Diretora editorial **Caroline Earle**
Diretor de arte **Michael Whitehead**
Designer **Ginny Zeal**
Projeto gráfico **Linda Becker**
Ilustrações **Ivan Hissey**
Textos-chave e glossários **Nic Compton**
Editor-assistente **Jamie Pumfrey**
Colaboradores **Richard Bartholomew, Mathew Guest, Graham Harvey, Russell Re Manning, Alexander Studholme**

Dados Internacionais de Catalogação na Publicação (CIP)
(Câmara Brasileira do Livro, SP, Brasil)

Religião : 50 conceitos e crenças fundamentais explicados de forma clara e rápida / editor Russell Re Manning ; [tradução Luis Reyes Gil]. – São Paulo : Publifolha, 2016. – (50 conceitos)

Título original: 30-second religion.
Bibliografia.
ISBN 978-85-68684-43-6

1. Crenças 2. Religiões I. Re Manning, Russell.
II. Série.

16-02094   CDD-291

Índices para catálogo sistemático:
1. Religiões 291

Este livro segue as regras do Acordo Ortográfico da Língua Portuguesa (1990), em vigor desde 1º de janeiro de 2009.

Impresso na China.

PUBLIFOLHA
Divisão de Publicações do Grupo Folha
Al. Barão de Limeira, 401, 6º andar
CEP 01202-900, São Paulo, SP
Tel.: (11) 3224-2186/2187/2197
www.publifolha.com.br

SUMÁRIO

6 Introdução

10 **Tradições indígenas**
12 GLOSSÁRIO
14 Iorubá
16 Sonho aborígine
18 Animismo
20 Igreja dos Nativos Americanos
22 Religião mesoamericana
24 Shenismo
26 Zoroastrismo

28 **Espiritualidades do Oriente**
30 GLOSSÁRIO
32 Hinduísmo
34 Texto-chave: Bhagavad Gita
36 Budismo
38 Texto-chave: Cânone Páli
40 Budismo mahayana
42 Jainismo
44 Siquismo
46 Texto-chave: Guru Granth Sahib
48 Taoismo
50 Confucionismo
52 Texto-chave: I Ching
54 Xintoísmo

56 **Tradições abraâmicas**
58 GLOSSÁRIO
60 Judaísmo ortodoxo
62 Judaísmo reformista
64 Texto-chave: A Torá
66 Islamismo sunita
68 Islamismo xiita
70 Texto-chave: O Corão
72 Sufismo
74 Ahmadiyya
76 Bahaísmo

78 **Cristianismos na Europa**
80 GLOSSÁRIO
82 Catolicismo
84 Igreja Ortodoxa
86 Texto-chave: A Bíblia
88 Luteranismo
90 Calvinismo
92 Anglicanismo (Episcopalismo)
94 Metodismo
96 Sociedade dos Amigos (Quakers)

98 **Cristianismos pelo mundo**
100 GLOSSÁRIO
102 Cristianismo copta
104 Pentecostalismo
106 Mormonismo
108 Testemunhas de Jeová
110 Cristianismo batista
112 Igreja Adventista do Sétimo Dia
114 Ciência cristã

116 **Religiões de fusão**
118 GLOSSÁRIO
120 Neopaganismo
122 Espiritismo
124 Vodu
126 Candomblé
128 Movimento Hare Krishna
130 Cheondoísmo
132 Tenrikyo

134 **Novas religiões**
136 GLOSSÁRIO
138 Movimento John Frum
140 Falun Gong
142 Igreja da Unificação
144 Cao Dai
146 Cientologia
148 Movimento rastafári
150 Shinshukyo

152 **APÊNDICES**
154 Fontes de informação
156 Sobre os colaboradores
158 Índice
160 Agradecimentos

INTRODUÇÃO
Russell Re Manning

A religião está de volta — mas, é claro, para milhões de fiéis ao redor do mundo ela nunca desapareceu. Apesar das convictas previsões dos que defenderam a secularização no século XX e das mais agressivas declarações dos chamados "novos ateus" do século XXI, as crenças e práticas religiosas seguem prosperando. O que não é de admirar — elas são fascinantes, diversificadas, intrigantes.

Este livro não é sobre o conceito de "religião" em si — com certeza nenhuma definição geral do termo seria satisfatória —, mas sobre religiões. Mais precisamente, sobre cinquenta crenças que abrangem a vida espiritual do mundo — desde antigas tradições com origens que se perdem na névoa do tempo e da mitologia até movimentos religiosos recém-criados.

Talvez o aspecto mais impressionante sobre as religiões seja a imensa variedade de credos. Religiões não são instituições monolíticas, mas comunidades vivas de crentes. Isso torna seu estudo fascinante, mas a variedade de crenças e práticas espirituais pode intimidar o "leigo" interessado. As crenças e práticas podem soar confusas aos não iniciados, a linguagem usada pode se mostrar especializada demais e obscura, e os aspectos mais sutis do debate doutrinário podem parecer tão pouco relevantes quanto a questão medieval apócrifa sobre o número de anjos que caberiam dançando sobre a cabeça de um alfinete. Felizmente, porém, este livro pode ser de fato útil. Nas páginas que se seguem, as cinquenta religiões--chave estão explicadas em linguagem acessível — sem jargões nem redundâncias. As crenças centrais e os aspectos característicos de

Rica variedade
A religião tem feito parte da vida diária de muitas culturas desde a Antiguidade. Abrangendo as grandes religiões e também seitas menos difundidas, este livro explora a diversidade e o simbolismo das religiões do mundo.

cada uma delas são descritos de modo simples e envolvente em menos tempo do que dura uma prece. Cada religião é apresentada junto com a seção "Crença", de uma só frase, enquanto "Prática" se aprofunda um pouco mais nos mistérios de cada fé.

As religiões estão organizadas em sete partes. A primeira, **Tradições indígenas**, traz algumas das religiões mais antigas do mundo, a maioria relacionada a culturas particulares. A segunda, **Espiritualidades do Oriente**, apresenta as grandes religiões tradicionais da Ásia, enquanto a terceira, **Tradições abraâmicas**, cobre aquelas ancoradas historicamente no Oriente Médio, que compartilham uma linhagem comum até Abraão. As duas partes seguintes tratam das diversas manifestações da religião mais difundida do mundo: **Cristianismos na Europa** lida com denominações cristãs com raízes históricas no continente europeu, e **Cristianismos pelo mundo** fala das igrejas cristãs com origens fora dali. **Religiões de fusão**, a sexta parte do livro, enfoca as crenças que combinam elementos de diversas tradições, e a parte final, **Novas religiões**, mostra alguns dos movimentos religiosos criados no século XX. Ao longo do caminho, são tratados os sete textos sagrados principais, que constituem alguns dos livros mais profundos e influentes de todos os tempos.

Este livro pode ser lido de duas maneiras. Se você decidir lê-lo do princípio ao fim — do Gênesis até o Apocalipse —, terá uma excelente visão geral da espantosa diversidade de religiões e da rica variedade de suas crenças e práticas. A outra opção é mergulhar nas entradas individuais, aqui e ali; você irá se surpreender com algumas das conexões entre as várias religiões.

Textos sagrados

Ao longo dos séculos, os princípios das várias tradições religiosas foram transmitidos por meio de textos sagrados — muitos dos quais são usados até hoje.

TRADIÇÕES INDÍGENAS

TRADIÇÕES INDÍGENAS
GLOSSÁRIO

adivinhação Método de prever o futuro pela leitura de artefatos destinados a esse fim, como cartas de tarô e runas, ou de interpretar preságios no dia a dia. Outras formas de adivinhação são: astrologia, leitura de mão, observação de cristais, varetas chinesas e a inspeção das entranhas de um animal sacrificado. Religiões mais recentes, como o cristianismo e o islamismo, condenam tais práticas.

cosmos O Universo, particularmente da perspectiva dos antigos gregos, isto é, de Universo como um todo harmonioso — do grego *cosmos*, que significa "ordem". Os antigos gregos viam o Universo como totalmente interconectado e dotado de um equilíbrio natural, visão similar à proposta hoje pelo movimento ambiental Gaia.

devoto Seguidor de uma religião, entusiasta e às vezes fanático. Nem todos os seguidores de uma religião são necessariamente "devotos", que vem do latim *devotus*, ou "fiel". Um termo mais neutro é "seguidor" ou "adepto".

diáspora A dispersão de um povo ou cultura a partir de seu lar ancestral. Assim, a diáspora de uma religião são as várias manifestações dessa fé em diversas localizações geográficas. Quando grafada com a inicial "D" maiúscula, costuma ser interpretada especificamente como a migração dos judeus a partir de Israel. Do grego *diaspeirein*, "espalhar sementes".

divindade Um deus ou entidade sagrada. Em sua maioria, as divindades são a manifestação espiritual de uma característica particular ou de uma força vital, como Ganesha, padroeiro da ciência e da educação no hinduísmo, e Apolo, deus da música na Grécia antiga.

indígena Pertencente à localidade onde é encontrado; não importado de outro local. A maior parte das religiões indígenas desenvolveu-se ao longo de milênios, e cada uma delas está intimamente entrelaçada à ecologia de sua região.

médium Pessoa que contata os espíritos dos mortos e outras forças sobrenaturais e que atua como intermediária entre o mundo pós--morte e os vivos. O contato costuma ser feito quando o médium entra em transe e permite que o espírito use seu corpo para se comunicar, seja verbalmente, seja por meio de escrita ou outros sinais. A prática tem grande ênfase em algumas religiões, como o espiritismo e o vodu.

metafísico Relativo à metafísica, ou seja, ao estudo da natureza essencial do ser, que recorre também a verdades científicas fundamentais e à dimensão espiritual. A palavra é derivada dos termos gregos *metá* ("além" ou "depois") e *physiká* ("físico"). As principais áreas da moderna metafísica são: a ontologia (sobre a natureza do ser), a teologia natural (sobre a existência de Deus) e a ciência universal (princípios científicos essenciais).

monoteísmo A crença de que há apenas um Deus, oposta ao politeísmo (vários deuses) e ao panteísmo (Deus na natureza). O judaísmo, o cristianismo e o islamismo são as principais fés monoteístas. Vem do grego *mono* ("singular" ou "só") e *theos* ("Deus").

peiote Cacto verde, arredondado, do México, do qual se extrai o alcaloide alucinógeno de mesmo nome. Diz-se que o uso do peiote, também conhecido como mescalina, induz transes psicodélicos e outras experiências fora do corpo. Tribos mexicanas utilizam a planta em rituais religiosos e para fins medicinais há mais de 3 mil anos. Hoje, a Igreja dos Nativos Americanos pratica o peiotismo.

politeísmo Crença em mais de um Deus. A maioria das fés politeístas cultua um certo número de divindades, cada qual associada a um aspecto da natureza ou do caráter humano. Atribui-se às divindades a criação do mundo e o controle de certos fenômenos naturais. Muitas religiões são politeístas. Exemplos: hinduísmo, taoismo, confucionismo e a maioria das religiões africanas.

talismã Uma joia ou outro pequeno objeto que se acredite ter propriedades mágicas e conferir ao seu detentor poderes especiais ou protegê-lo de malefícios. Dizem que a configuração dos astros, no momento em que se cria um talismã, é o que lhe confere uma carga mágica.

xamã Pessoa santa que age como médium ou canal entre o mundo físico e o espiritual. Os xamãs canalizam forças sobrenaturais para curar doenças e até para controlar o tempo. Embora o termo seja originário da Sibéria, os xamãs têm destaque na maior parte das culturas tribais, especialmente entre as tribos de nativos americanos.

IORUBÁ

A religião tradicional iorubá é muito similar a outras da tradição africana, em especial na maneira pela qual se fundiu criativamente com outras religiões na diáspora global iorubá. As pessoas cultuam e pedem ajuda a um ou mais orixás (divindades) e ancestrais (que morreram, mas continuam interessados em seus descendentes), em busca de uma vida satisfatória, saudável e digna. Muitos iorubás acreditam que há um "alto Deus", Olodumaré, acima dos orixás, que talvez se manifeste *como* esses vários orixás. Para eles, Olodumaré é o criador que iniciou tudo, mas que em geral deixa a terra ao controle dos orixás, cada um deles associado a fenômenos específicos (Xangô, por exemplo, é a divindade dos raios e da eletricidade). Nessa fusão de animismo e politeísmo, as divindades existem em uma rica rede de relações, dentro de um universo marcadamente social. Uma energia criativa chamada "axé" flui através de tudo. Rituais públicos e privados, incluindo sacrifícios, celebram e criam essas conexões, na expectativa de que beneficiem os devotos, assim como as divindades ou ancestrais, ao partilharem o "axé". O conhecimento religioso é transmitido por meio de sistemas de adivinhação, histórias de poder, práticas tradicionais e festas expressivas que costumam envolver máscaras e tambores.

CRENÇA
A religião tradicional iorubá é uma maneira vibrante de buscar inspiração e energia nas divindades, nos ancestrais e em outros seres, para que as pessoas vivam de modo pleno e realizado.

PRÁTICA
A crença num "alto Deus", Olodumaré, certamente se origina do contato com cristãos e muçulmanos. Não deve, porém, ser descartada como aspecto importado, e sim celebrada como prova da vitalidade de uma religião forte o suficiente para divinizar processos modernos, como a eletricidade e a fabricação de automóveis. Na diáspora, a criatividade religiosa iorubá fica evidente nas religiões do Caribe, como a santería, que funde a tradição iorubá com o catolicismo, fazendo os orixás partilharem costumes e festas com os "santos" cristãos.

TEMAS RELACIONADOS
ANIMISMO
p. 18
TRADIÇÕES ABRAÂMICAS
pp. 56-77
CRISTIANISMOS NA EUROPA
pp. 78-97

CITAÇÃO
Graham Harvey

Inspirada no passado e abrangendo o presente, a religião iorubá celebra a saúde, o respeito e a realização.

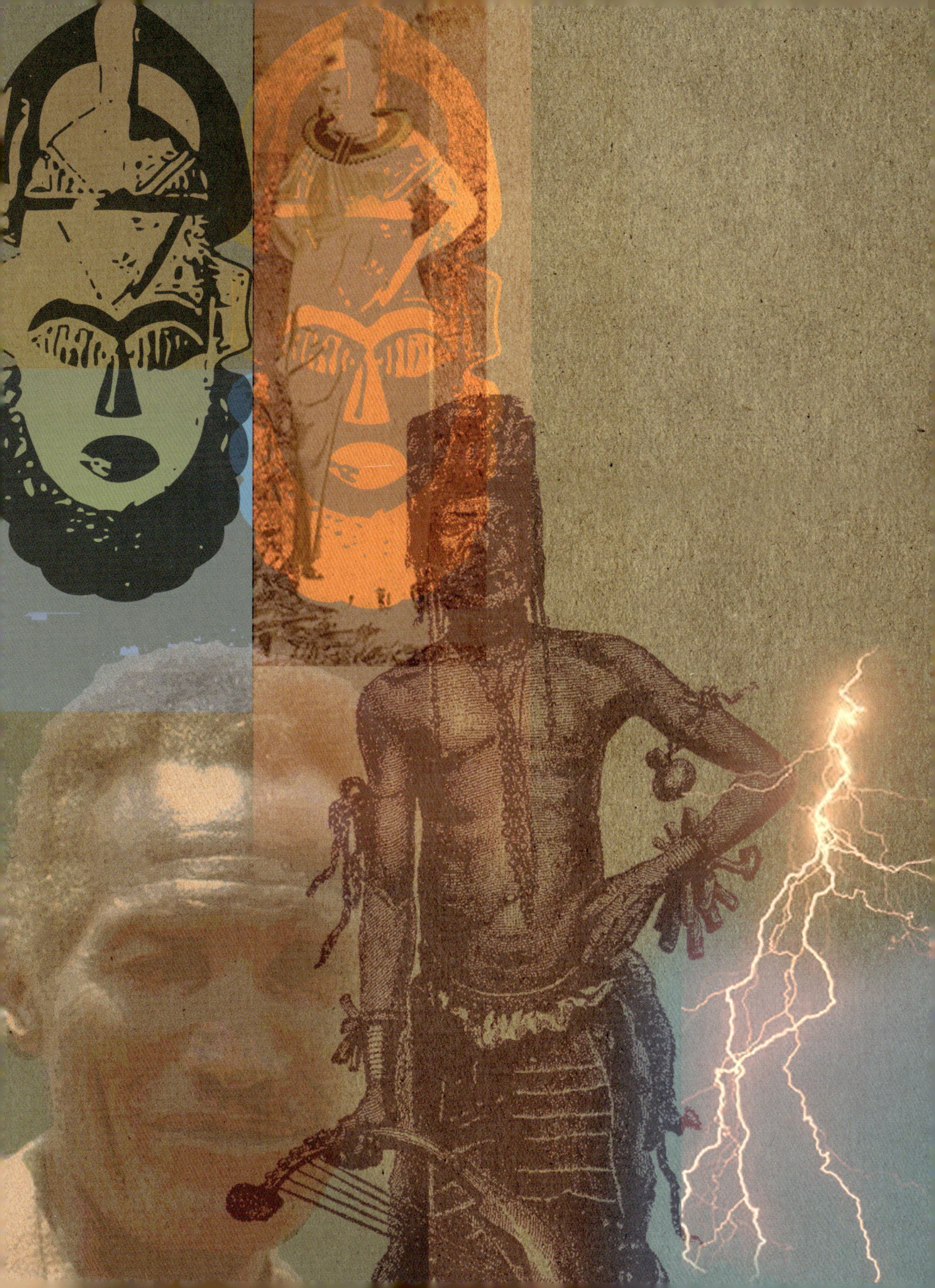

SONHO ABORÍGINE

Para os aborígines australianos, o Sonho é a base da Lei (regras) e da Sabedoria (ensinamentos, muitas vezes na forma de histórias, danças ou arte). É ele que molda como as coisas são e devem ser. O Sonho também é um aspecto central da criação. Antes da vida havia apenas a terra, escura, plana, indistinta. Debaixo dela existiam (e sempre existirão) todas as possibilidades. De vez em quando, surgiam elementos na superfície, criando montanhas, vales, rios e fontes, até mesmo a luz do Sol. Esses elementos eram as formas ancestrais dos humanos, cangurus, abelhas, dingos (cães selvagens), e de toda a vida. Viajando pela terra, elas criaram as áreas que chamamos de "países". Uma lagarta ancestral deixa cair comida, por exemplo, e cria as matas. Dois dingos lutam, e seus pedaços de carne viram rochas. As formas ancestrais interagiram: dançando, pintando, dividindo coisas e se casando. Os ancestrais então voltaram para debaixo da recém-formada superfície da terra, e seus descendentes (humanos, cangurus, abelhas e dingos) habitaram a terra, seguindo os estilos de vida e as regras definidos para eles por suas formas ancestrais — as principais são as que requerem que todos os habitantes de todos os países assumam mútua responsabilidade pelo bem-estar dessa comunidade viva.

CRENÇA
O Sonho é a contínua formação de toda a vida — e das regras para se viver — a partir de um caos preexistente, pleno de potencial.

PRÁTICA
O Sonho costuma ser expresso em uma coleção de histórias "fantásticas" sobre a "era da criação". É um complexo resumo dos direitos e responsabilidades das pessoas para que possam viver de modo cooperativo, sem consumir em excesso, em regiões específicas. Sua expressão na arte (da arte tradicional em pedra e dos adornos corporais ao acrílico contemporâneo) e na música (do *didjeridu* funerário às fusões urbanas) tem hoje um reconhecimento global. O Sonho influencia as questões legais de direito sobre a terra e os rituais religiosos de iniciação.

CITAÇÃO
Graham Harvey

O Sonho é uma poderosa mistura milenar de criação mítica e sabedoria ancestral e traz uma mensagem de responsabilidade.

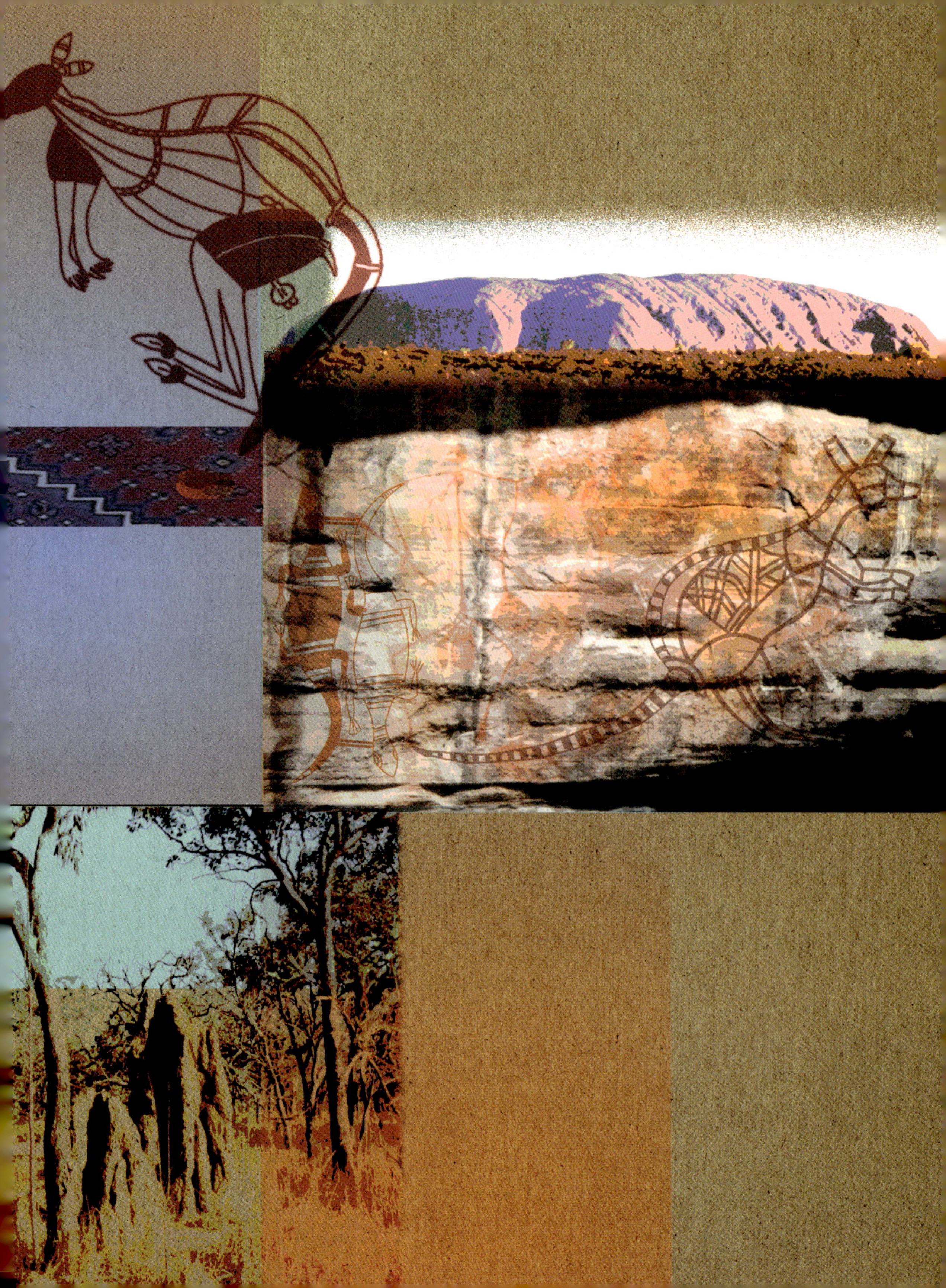

ANIMISMO

O animismo não é uma religião, mas como sistema de crenças está presente em várias religiões. O termo se refere às visões de mundo de diversos povos indígenas e de alguns povos pagãos. No animismo, considera-se como "pessoa" não só os humanos ou humanoides, mas os membros de uma comunidade multiespécies, que inclui "pessoas-pedra" e "pessoas-ouriço". Para os adeptos do animismo, pelo menos algumas pedras, animais ou plantas são pessoas, porque dão e recebem presentes, conversam ou parecem se dirigir aos outros com intenção. Os humanos também são "pessoas", pois agem desse modo. Respeitar outras pessoas não significa necessariamente gostar delas, mas reconhecer que também têm direitos e interesses. Pode-se matar pessoas, mas só quando necessário e sempre de modo compassivo. As religiões animistas costumam ter xamãs: especialistas em resolver mal-entendidos entre espécies (como quando humanos insultam animais ao caçá-los), em achar o paradeiro de pessoas (como espécies de comida distantes) ou combater agressores (como pessoas-doença). Seu trabalho envolve rituais de transe. Em geral, o animismo se expressa no simples ato de dar presentes a outras pessoas, como quando nativos oferecem tabaco ou folhas de sálvia aos mais velhos ou a seres sagrados.

CRENÇA
O animismo é um modo de ver o mundo em que objetos animados e inanimados formam uma comunidade de "pessoas", todas merecedoras de respeito.

PRÁTICA
Crenças animistas têm papel central nas explicações evolucionárias da religião. Psicólogos da cognição e psicólogos evolucionistas defendem que a crença no trovão e no raio, por exemplo, como manifestações de um espírito irado, são "minimamente contraintuitivas", já que preenchem suposições intuitivas e violam bem pouco algumas dessas suposições. Tais crenças prendem a atenção e são memorizáveis – portanto, servem de base para a maior parte das convicções religiosas, além de serem potencialmente úteis como adaptações evolucionárias.

TEMAS RELACIONADOS
IORUBÁ
p. 14
RELIGIÃO MESOAMERICANA
p. 22
XINTOÍSMO
p. 54

DADOS BIOGRÁFICOS
DANIEL QUINN
1935-
DAVID ABRAM
1957-

CITAÇÃO
Graham Harvey

Não são só os humanos que têm sentimentos; os animais, plantas e pedras também têm — todos merecem respeito.

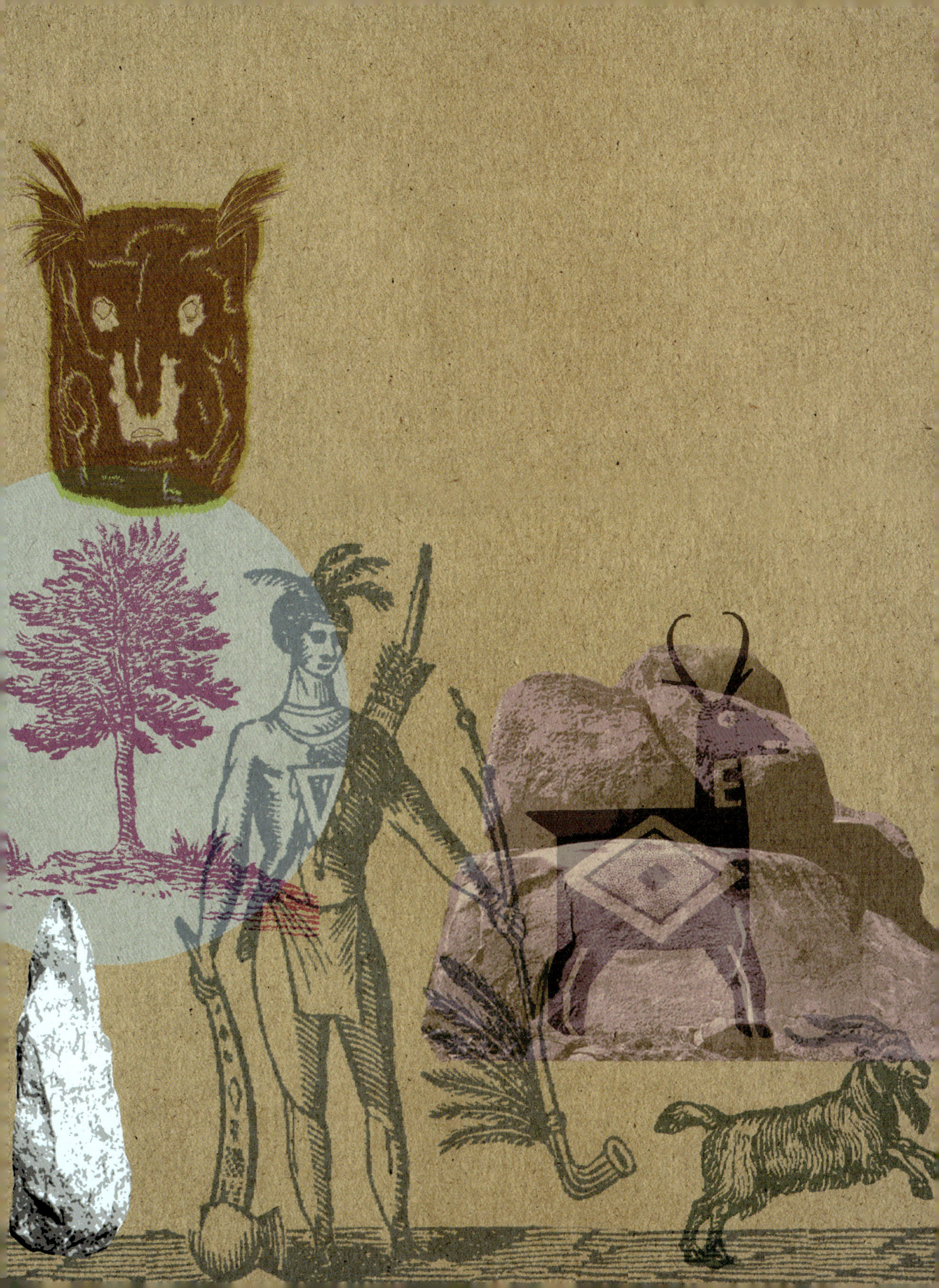

IGREJA DOS NATIVOS AMERICANOS

O consumo religioso do bulbo do cacto peiote começou na remota Antiguidade entre os povos indígenas do atual México. Espalhou-se para o norte a partir da década de 1880 e tornou-se fonte de alimento espiritual em várias comunidades que viviam em reservas. Uma boa porção (mascada ou em forma de chá) induz poderosas visões, o que inspirou os fundadores e líderes ("roadmen") da NAC, a Igreja dos Nativos Americanos; doses suaves ampliam a consciência e permitem que as pessoas se concentrem em aspectos que vão além das dificuldades do dia a dia. O peiote é tomado de modo sacramental, não recreativo, pois considera-se que vem do coração do Criador a fim de curar e dar conhecimento e motivação para que as pessoas tenham vidas saudáveis e morais. A NAC é o maior movimento ligado ao peiote. Oficializado nos Estados Unidos em 1918, nasceu em torno dos ensinamentos de profetas como John Wilson e John Rave, que encontraram no peiote um auxiliar de cura e orientação e incentivaram uma fusão de práticas indígenas e cristãs. Jesus e a Bíblia, por exemplo, inspiram muitos membros da NAC. A mescla de protocolos indígenas tradicionais e práticas locais e continentais cria variações nos rituais da NAC e atende às necessidades de comunidades específicas. A NAC estimula o respeito pela terra e o uso de produtos "naturais".

CRENÇA
A Native American Church (NAC) é uma religião conhecida por seu uso do peiote como sacramento e abriga nativos de todas as origens.

PRÁTICA
A NAC, ou "Peyote Road", incentiva a sobriedade, o cuidado com a família, a autoconfiança e a unidade dos povos nativos. Suas vigílias, que duram a noite toda, inspiram a unidade, e a religião é respeitada pelos efeitos antialcoólicos do consumo do peiote e por seus ensinamentos. As batalhas legais para que o peiote seja considerado "medicamento" levam à liberalização de leis sobre religião, e hoje é permitido seu uso sacramental, até entre os nativos que estão em prisões americanas. A NAC também trabalha em cooperação com indígenas tradicionalistas.

DADOS BIOGRÁFICOS
QUANAH PARKER
1852-1911
JOHN RAVE
1856-1917
JOHN WILSON
1860-1901
JAMES MOONEY
1861-1921

CITAÇÃO
Graham Harvey

Para os membros da NAC, as propriedades alucinógenas do cacto peiote são uma fonte essencial de profunda inspiração espiritual.

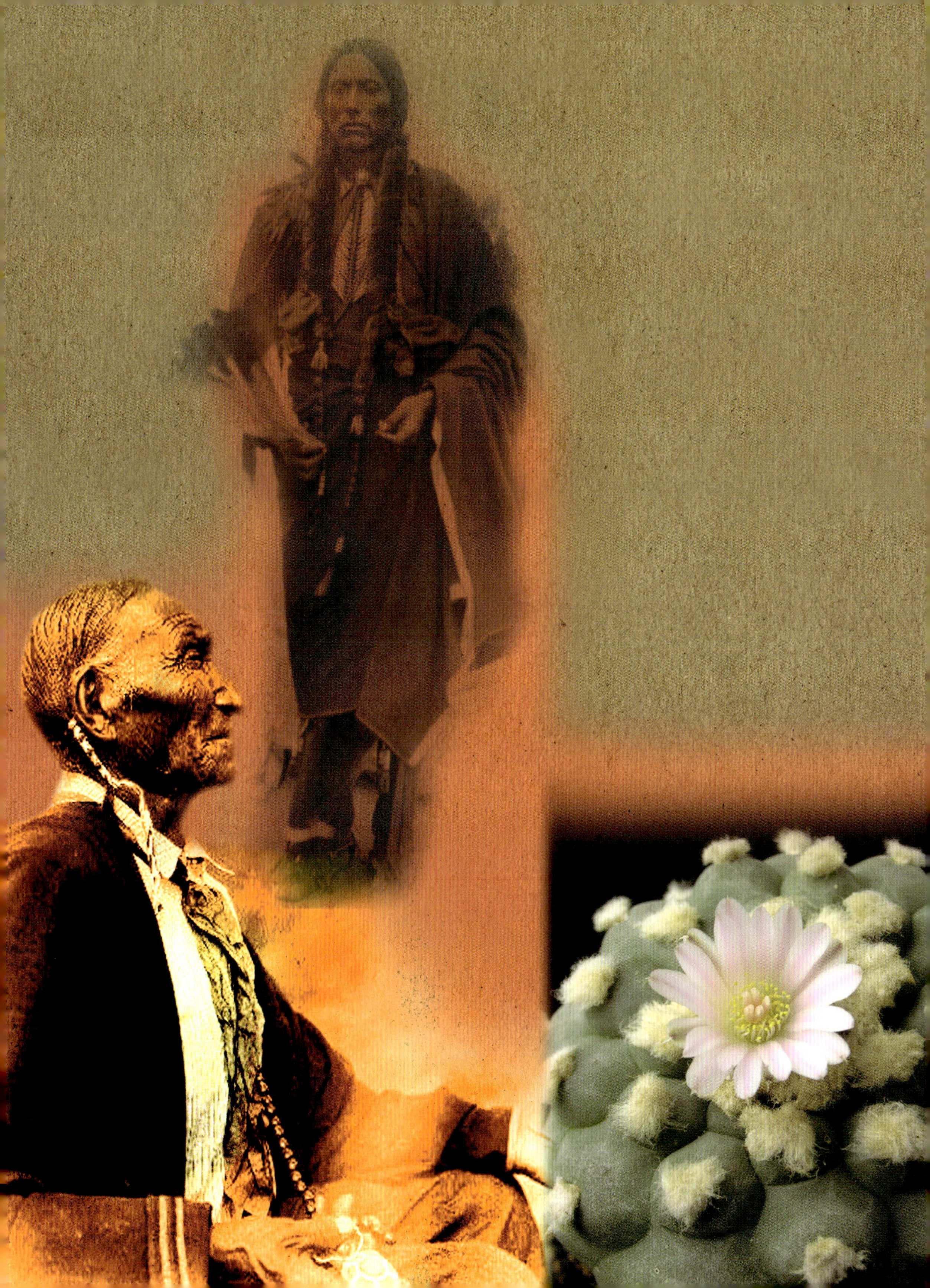

RELIGIÃO MESOAMERICANA

Antes da conquista espanhola, havia uma cultura religiosa comum a toda a América Central. A região era unificada pelo comércio, pela similaridade entre as línguas e, especialmente, pela dependência da agricultura do milho de seus povos, que contavam com alguns centros urbanos. Com o tempo, e devido às distâncias, também passou a haver significativa diversidade. Grandes impérios centralizados (como os de alguns grupos maias) contrastavam com sociedades menores, o que promoveu diversidade espiritual. Tanto nos rituais cívicos nos centros urbanos como nos de cura xamânica nas aldeias, as pessoas buscavam a harmonia, oferecendo sangue para que as divindades controlassem os processos cósmicos, registrando observações astronômicas para conhecer os tempos mais auspiciosos ou expressando gratidão ao milho por sua dádiva sacrificial da vida. As cerimônias de purificação ensejavam relações de respeito com pessoas não humanas dessas comunidades animistas e politeístas. Se alguém, por acaso, derrubasse milho no chão, havia rituais para se desculpar por tal ofensa não intencional a essa sagrada pessoa-planta. Os templos e a cerâmica ilustram a arte religiosa da região, com enfeites de seres divinos e xamânicos. Polaridades como noite e dia, macho e fêmea e conflito e harmonia podiam resultar em tensão, mas eram importantes para a contínua regeneração da vida promovida pelas atividades religiosas.

CRENÇA
A Mesoamérica (do México central ao noroeste da Costa Rica) caracteriza-se por religiões das quais os humanos participam com outros seres para manter o cosmos funcionando.

PRÁTICA
Após a invasão espanhola, a tensão entre uma cultura única e as diferenças locais ficou clara em várias formas de cristianismo latino-americano, que com frequência incluem elementos das tradições pré-colombianas. As festas e danças cerimoniais regionais mostram a fusão entre o catolicismo e as culturas maia e as demais locais. As peregrinações pré-cristãs continuam e incluem santos entre os objetos de culto, dos quais o devoto espera reciprocidade, na forma de aumento do bem-estar.

TEMA RELACIONADO
ANIMISMO
p. 18

CITAÇÃO
Graham Harvey

Um traço comum da religião mesoamericana era o desejo de manter o cosmos em equilíbrio — o que às vezes exigia também sacrifícios de seres humanos.

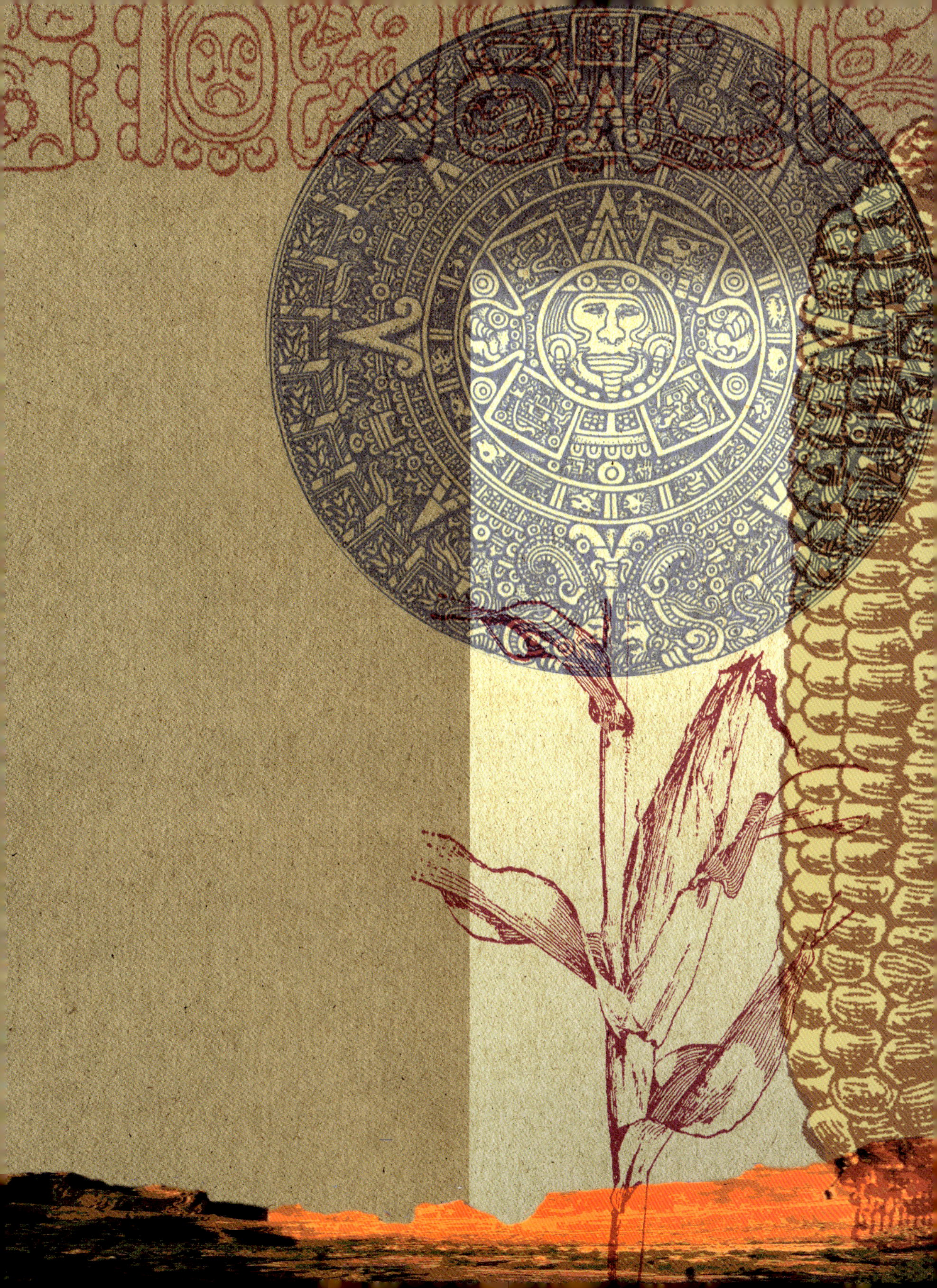

SHENISMO

CRENÇA
O shenismo é um rótulo recente para várias práticas religiosas chinesas que incorporam aspectos do budismo, do confucionismo e do taoismo, embora não se filiem a essas religiões.

PRÁTICA
A interação entre interesses "mundanos" (busca de saúde pessoal e familiar, riqueza e harmonia) e interesses "do outro mundo" (busca de relações mutuamente benéficas com ancestrais e divindades, e bem-estar pessoal e dos ancestrais em futuros estados, como no céu ou no renascimento) é crucial na relação entre o shenismo e as religiões mais formalizadas. Há poucas práticas e princípios estabelecidos para tais questões, mas os desejos, necessidades e medos populares alimentam o sentimento religioso e a diversidade do shenismo.

O shenismo é identificado com o movimento de fusões criativas de uma espiritualidade tipicamente chinesa. Ele compartilha muitos aspectos com a medicina tradicional chinesa, e suas atividades religiosas incorporam traços predominantes do budismo e ideias, práticas, pessoas e locais do confucionismo e/ou do taoismo. As pessoas vão a santuários e templos, buscam o serviço de sacerdotes e monges e usam textos sagrados e talismãs. É discutível se elas se sentem ou não membros das formas mais organizadas dessas religiões. A base local e de parentesco de parte da espiritualidade popular chinesa dá ao shenismo um lugar entre as religiões indígenas. Ainda mais quando ele envolve médiuns que se comunicam com os ancestrais (membros da família que, embora mortos, ainda têm interesse pelo bem-estar de seus descendentes) e faz uso da adivinhação. O termo *shen* tem muitos sentidos, talvez ilustrados por uma de suas traduções em português, "espírito". O sentido geral é de entidades metafísicas (ancestrais, fantasmas, divindades locais ou seres que falam através dos médiuns), mas também pode indicar estados de consciência e energias internas sutis, sugerindo práticas de focalização da atenção, meditação, transe, ou a procura de saúde e realização.

TEMAS RELACIONADOS
BUDISMO
p. 36
TAOISMO
p. 48
CONFUCIONISMO
p. 50

CITAÇÃO
Graham Harvey

O shenismo — culto aos shens (divindades ou espíritos) — reúne religiões populares chinesas com traços de budismo, taoismo e confucionismo.

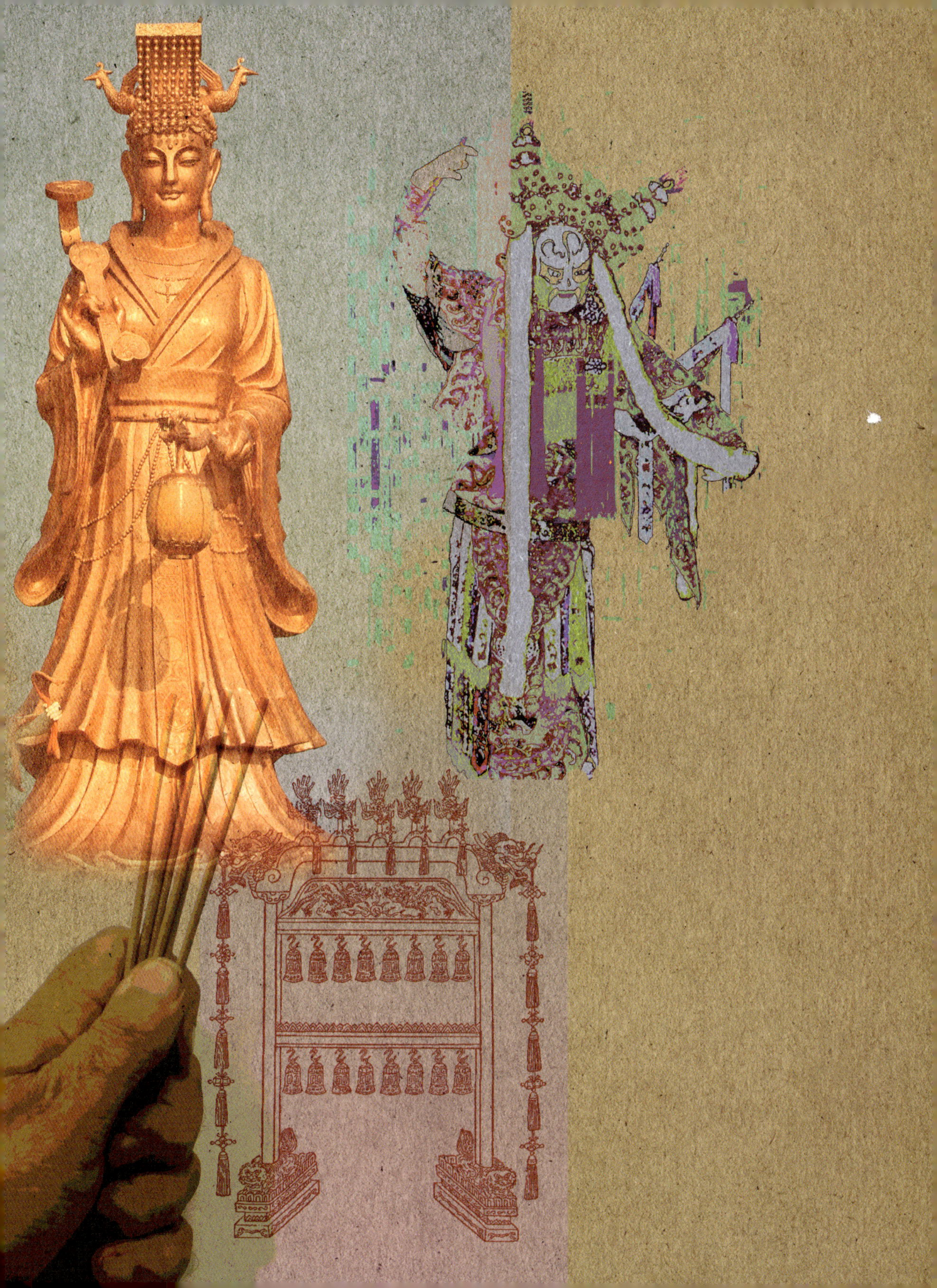

ZOROASTRISMO

Há cerca de 3 mil anos, um profeta iraniano, hoje conhecido como Zaratustra (ou Zoroastro, na forma grega), iniciou, segundo os zoroastrianos (ou os parses na Índia), a ênfase da religião nos "bons pensamentos, boas palavras e boas ações". Uma batalha cósmica entre o bem e o mal se traduz nos confrontos de toda a existência, não só entre os humanos, como nas escolhas morais cotidianas que toda pessoa tem que fazer. Alguns zoroastrianos enfatizam a batalha moral como o ensinamento-chave — a liberdade de escolher entre o bem e o mal. A luta envolve o eterno Senhor Sábio, Ahura Mazda, em oposição ao seu destrutivo oponente, Ahriman. Vários outros seres, os Imortais Benéficos, fazem parte dos elementos que constituem o cosmos e se envolvem na batalha. Em vez de poluir terra, água ou fogo, os zoroastrianos tradicionalmente depositam seus mortos em altas torres, e os abutres vêm lhes consumir a carne. No combate aos "maus pensamentos, más palavras e más ações", os zoroastrianos trabalham para purificar e ordenar o cosmos. Os rituais realizados por sacerdotes, a ação individual e a vida comunitária são guiados por uma variedade de textos sagrados — como o *Gathas*, série de hinos que exaltam a vigilância contra os pensamentos ou atos negativos.

CRENÇA
Provavelmente a mais antiga religião ainda viva, o zoroastrismo concebe a batalha entre o bem e o mal como o contexto de toda a existência.

PRÁTICA
A influência filosófica do zoroastrismo nas teologias e cosmologias das religiões monoteístas é um aspecto fundacional. Sobrevivem populações zoroastrianas relativamente pequenas hoje em dia, em especial no Irã e na Índia. As práticas têm variações, como na data do Nav Ruz, a festa de ano-novo, celebrada no equinócio de primavera no Irã para simbolizar a vitória da luz sobre as trevas, e em agosto na Índia, pelo fato de os parses indianos não terem ajustado seus calendários aos anos bissextos.

TEMAS RELACIONADOS
TRADIÇÕES ABRAÂMICAS
pp. 56-77
CRISTIANISMOS NA EUROPA
pp. 78-97

DADOS BIOGRÁFICOS
ZARATUSTRA (ZOROASTRO)
auge em c. 5000 a.C.

DARIO I
c. 558-486 a.C.

CITAÇÃO
Graham Harvey

Antigo e místico, o zoroastrismo é tanto filosofia quanto religião — tendo como princípio a luta entre o bem e o mal, entre a ordem e o caos.

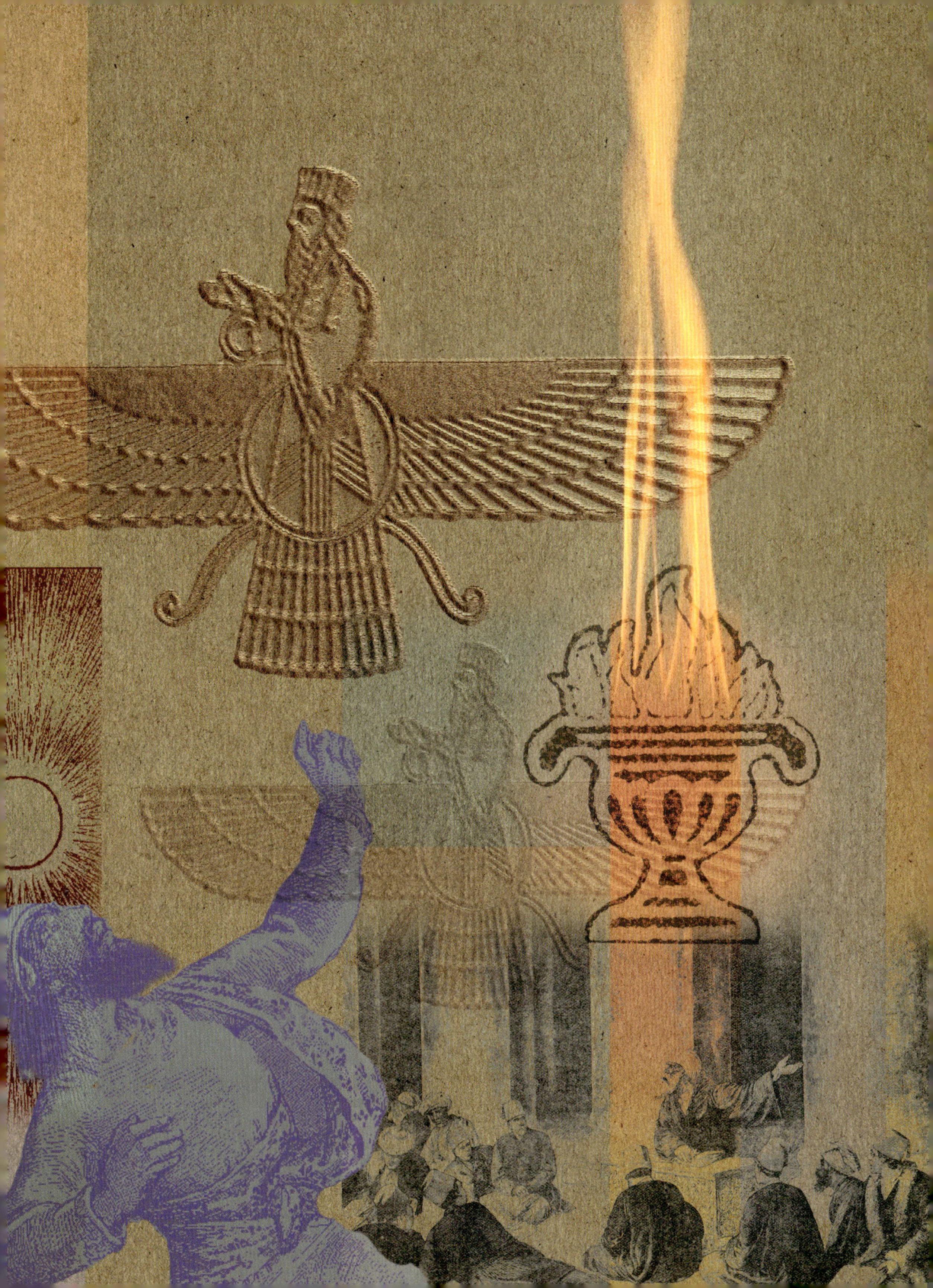

ESPIRITUALIDADES DO ORIENTE

ESPIRITUALIDADES DO ORIENTE
GLOSSÁRIO

ascetismo Prática de punir o corpo para alcançar maior sabedoria espiritual.

ateu Alguém que não acredita na existência de Deus ou de um Ser Superior.

brâmane A casta sacerdotal hindu. Literalmente, quem tem controle de *brahma*, a palavra ou espírito sagrado.

carma Literalmente, "ação". Carma é a força impessoal que nos impele de uma vida para a próxima e molda nosso destino na vida presente. Originalmente, com forte conexão com a ação ritual, Buda reinterpretou o carma dando-lhe o sentido da intenção presente por trás de nossos atos, retirando-o do controle dos sacerdotes. É uma lei do Universo, por isso é incorreto falar em punição e recompensa. Ações virtuosas produzem naturalmente circunstâncias agradáveis, e as não virtuosas, circunstâncias desagradáveis. Não se trata de fatalismo ou determinismo: o carma ruim pode ser purificado e o bom carma, recriado.

castas Grupos nos quais a sociedade hindu está dividida. Há quatro divisões principais: os brâmanes (mestres e sacerdotes), os xátrias (soldados e governantes), os vaixás (donos de terras e comerciantes) e os sudras (servos e trabalhadores). Além disso, existem centenas de subdivisões, associadas a vários ofícios e linhagens familiares. As castas ainda definem com quem os hindus irão se casar, quem irão cultuar e com quem comerão juntos.

darma Do verbo *dhr*, "sustentar", é a lei natural que sustenta o Universo. Conceito sutil, difícil de definir, no hinduísmo indica principalmente o modo com que os humanos se ajustam a essa lei natural: nos costumes, no código religioso, nos ritos de passagem e nos deveres de casta. Cada um tem seu darma, ou *svadharma*, seu jeito natural de estar no mundo. O *stridharma*, por exemplo, é o darma das mulheres. No budismo, o darma se refere ao ensinamento do Buda.

guru Líder ou mestre espiritual. Literalmente, aquele que "tem peso".

iluminação Tradução do termo sânscrito *bodhi*, "despertar" — isto é, ver, pela primeira vez, a verdadeira natureza da realidade.

ioga Literalmente, "união" — como na união da pessoa com Deus ou com a dimensão espiritual. Assim, há a ioga do conhecimento, a do trabalho, a da devoção e, a mais familiar, a ioga dos exercícios espirituais e físicos.

kami Título dado aos espíritos na religião xintoísta, indicando as forças invisíveis da natureza ou seres espirituais personificados.

mahayana Literalmente, o "grande" (*maha-*) "veículo" (*-yana*). É uma versão posterior da visão budista, mais espiritualizada.

misticismo Abordagem religiosa da vida que enfatiza a intuição e a experiência direta do divino.

nirvana O estágio final do caminho budista em sua corrente principal, fim do ciclo de renascimento. É o oposto do *samsara*, que é o "vagar" de uma vida para a próxima. Nirvana significa literalmente "explodir". Não é a extinção da pessoa, mas a extinção dos três fogos – da ganância, do ódio e da ilusão. O Buda silenciou sobre para onde iria após a morte: o nirvana está além das palavras, além da existência ou não existência. É também usado no hinduísmo, no qual o termo *moksha*, ou "liberação", é mais comum.

quase-teísta Que compartilha certos aspectos do teísmo, a filosofia de que o Universo é criado e controlado por Deus ou por um Ser Supremo.

renascimento/reencarnação A crença, comum à maioria das religiões orientais, de que a morte não é o final, mas que é seguida por uma outra vida. A meta espiritual, portanto, é pôr um fim a esse cansativo processo. Ver *carma* e *nirvana*.

renunciante Alguém que abriu mão ou "renunciou" à vida comum para se concentrar em assuntos espirituais, vivendo como monge ou freira em um mosteiro ou ermida, ou talvez como um asceta itinerante, que vive de esmolas.

tao Em geral, traduzido como "o caminho". Uma lei mística ou princípio do Universo indefinível, com que devemos nos sintonizar. O taoismo é uma interpretação enigmática e mística dessa ideia, enquanto o confucionismo é mais mundano e prático. Ver *darma*.

vajrayana Budismo tântrico. Literalmente, o "veículo" (*-yana*) de Vajra, termo que se referia originalmente a uma arma em forma de raio dos deuses hindus, mas que no budismo significa a natureza indestrutível da mente iluminada.

Vedas Os mais antigos textos religiosos hindus, que descrevem os rituais e a teologia dos sacerdotes brâmanes.

zen Uma das escolas do budismo do Leste Asiático. "Zen" é um termo japonês que vem do chinês *chan*, por sua vez derivado do sânscrito *dhyana*, que significa "meditação". A meditação prolongada descobre um atalho para superar a mente racional e revelar a experiência da iluminação.

HINDUÍSMO

Os hindus acreditam que todos

reencarnamos continuamente, vida após vida. Nosso destino é determinado pelo carma, o valor moral de nossas ações passadas. A meta espiritual é colocar um fim ao ciclo de nascer e renascer e unir-se a Deus. Isso é alcançado pela via do conhecimento (por meio de estudo, ioga, meditação e práticas ascéticas, a pessoa experimenta a identidade da própria alma com o espírito cósmico) e pela via da devoção (orando e adorando Deus). As atividades mundanas — buscar riqueza, poder, amor e prazer — devem ser desempenhadas em harmonia com o darma, a lei natural do Universo. O darma dividiu a sociedade em castas, categorizando as famílias de modo rígido em termos de poder, pureza, prestígio e tipo de ocupação. Os brâmanes são a casta sacerdotal. Suas escrituras, os Vedas, têm 4 mil anos de idade e definem a ortodoxia. O hinduísmo é o encontro dessa grande tradição com muitas outras tradições locais — com adaptações e absorções. Em termos míticos, esse processo é expresso com grandes deuses manifestando-se como pequenos deuses ou casando-se com deusas. O hinduísmo é, portanto, uma livre combinação de comunidades e seitas — de várias práticas e tradições — formando uma grande família.

CRENÇA
Deus é uno e além da forma. Assume aspectos diferentes. Deus vive no coração. Deus contém o Universo inteiro. Deus está em toda parte.

PRÁTICA
O hinduísmo é um monoteísmo polimórfico. Os deuses expressam diferentes aspectos da realidade divina, um espírito cósmico que existe dentro e fora do indivíduo. Shiva representa o poder, Vishnu, a correção, e Devi, a deusa, a energia doce ou feroz da mãe e da amante. Cada um se manifesta de diferentes formas, casa com outras divindades, forma famílias divinas, unindo diferentes tradições e criando novas matrizes de devoção. Um hindu pode cultuar um ou vários deuses, dependendo da sua criação familiar, da comunidade ou de uma escolha pessoal.

TEMAS RELACIONADOS
BUDISMO
p. 36
BUDISMO MAHAYANA
p. 40
JAINISMO
p. 42
SIQUISMO
p. 44

DADOS BIOGRÁFICOS
SHANKARA
c. 788-820

RAMANUJA
c. 1017-1137

RAMAKRISHNA
1836-1886

MOHANDAS (MAHATMA) GANDHI
1869-1948

RAMANA MAHARSHI
1879-1950

CITAÇÃO
Alexander Studholme

Os hindus creem em um Deus universal, que assume várias formas.

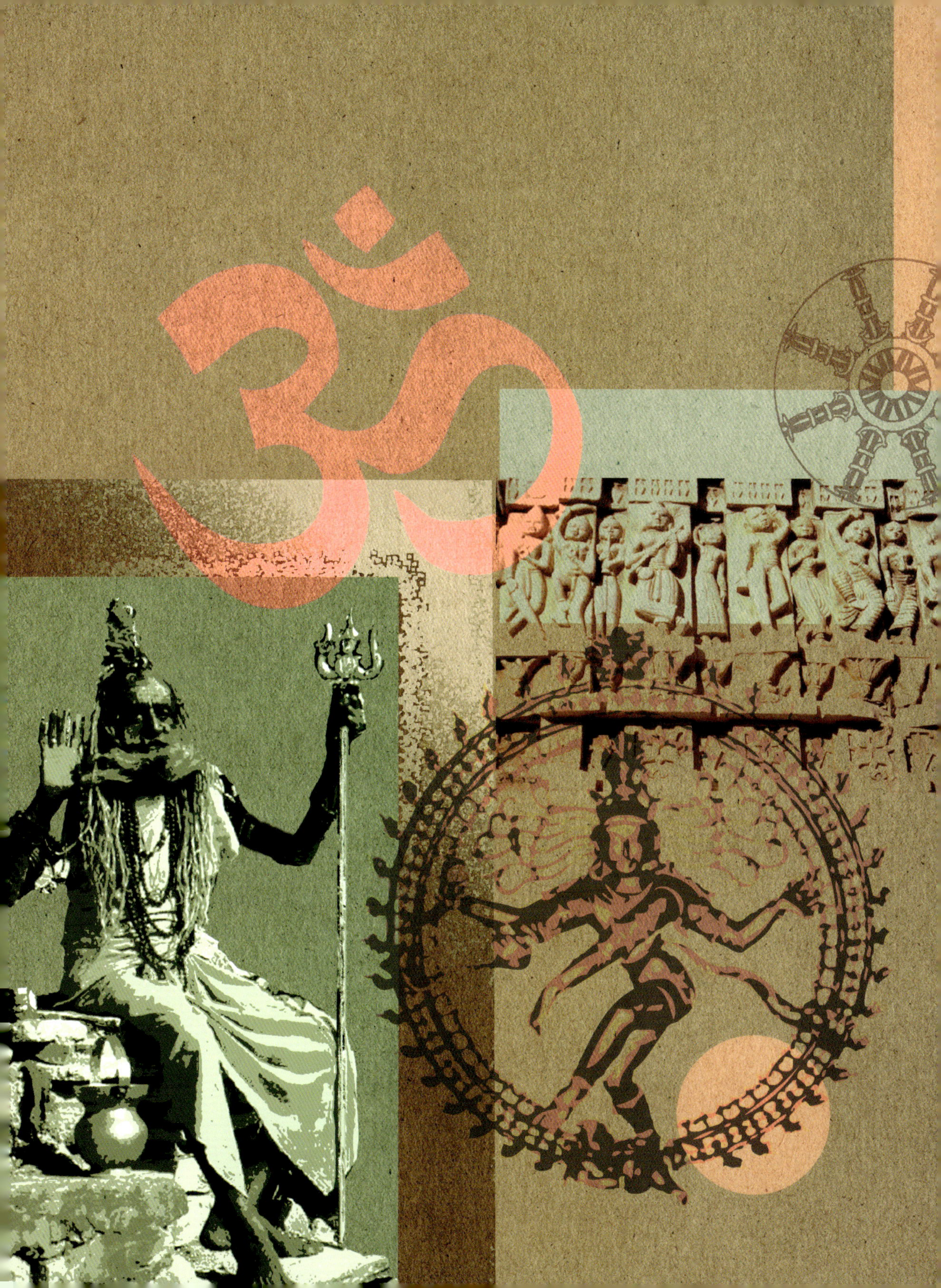

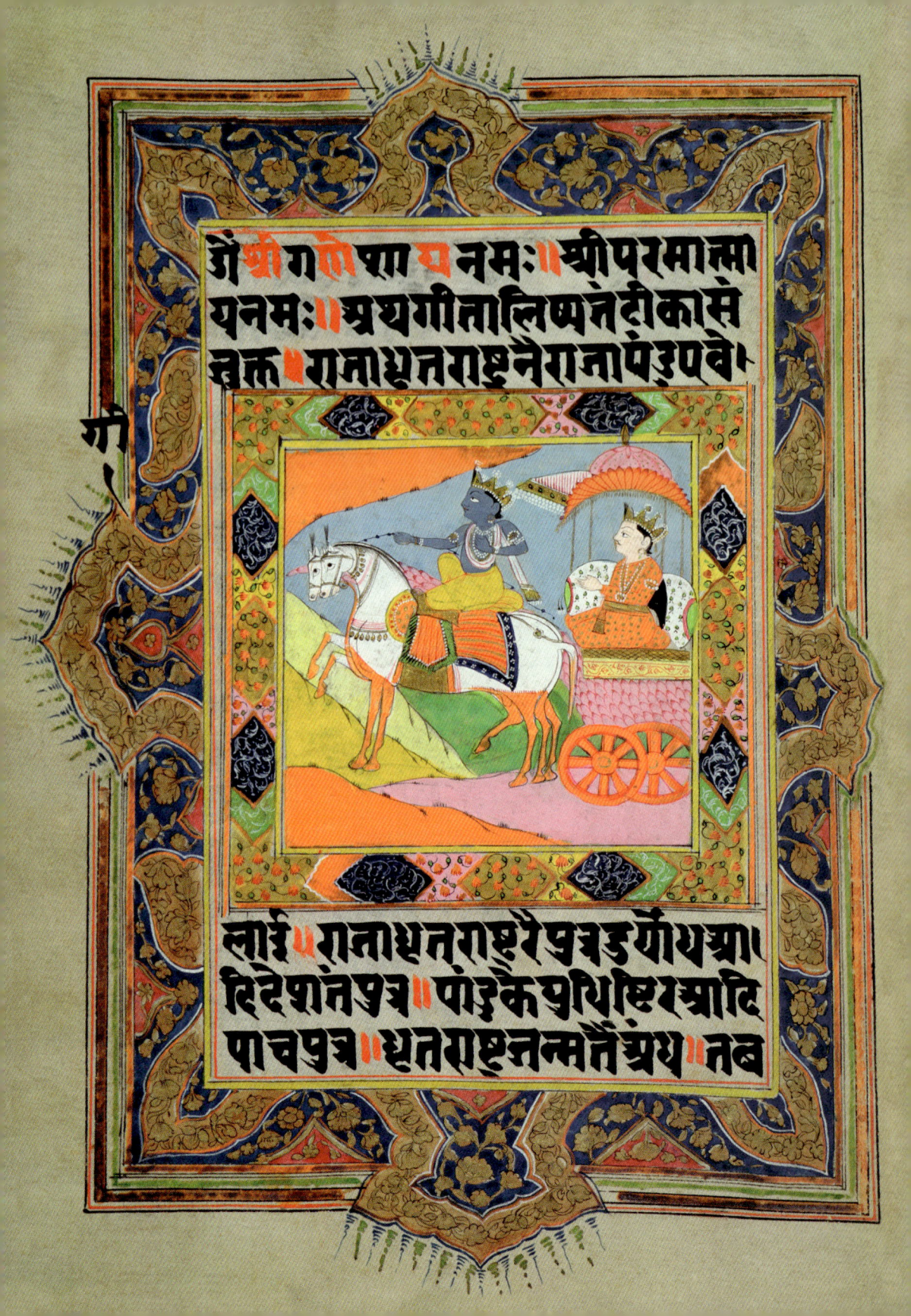

ॐ श्री गणेशाय नमः ॥ श्री परमात्मा
य नमः ॥ अथ गीता लिख्यन्ते टीका से
हल ॥ राजा धृतराष्ट्रै राजा पांडु दुवे

लारैं ॥ राजा धृतराष्ट्रै बड़ दोय थ्या ॥
दिदै शान पुत्र ॥ पांडु कै युधिष्ठिर आदि
पांच पुत्र ॥ धृतराष्ट्र नन्मौंतै अंध ॥ तब

BHAGAVAD GITA

O Bhagavad Gita (ou "Canção do Senhor") é muito provavelmente o mais famoso texto hindu. Sua popularidade vem do fato de ser uma síntese de várias ideias hinduístas e, também, de apresentar uma abordagem do caminho espiritual adequada a todos, não só a sacerdotes e eremitas.

Datado de c. 250 a.C., o Bhagavad Gita faz parte do grande épico hindu Mahabharata, que narra as rivalidades entre primos de dois ramos da mesma família. Às vésperas de uma terrível batalha entre os clãs, o deus hindu Krishna (o "senhor" do título), que aparece de início disfarçado de cocheiro, prega essa "canção" ou sermão a um guerreiro chamado Arjuna. Este está relutante em guerrear e quer se retirar para uma vida de meditação. Acha que desse jeito ficará livre dos efeitos das ações negativas, que mantêm os seres humanos presos ao infindável ciclo de morte e renascimento. Krishna responde que ele tem de lutar: é seu dever como membro da casta de guerreiros. Além disso, é impossível evitar os efeitos da ação: até os eremitas têm um corpo físico e devem agir de certo modo; além do mais, muitos deles são hipócritas, aparentam não se envolver com o mundo, mas secretamente fervem de desejos frustrados. As únicas ações que não vinculam o indivíduo à vida no mundo são as ações sacrificiais.

No entanto, em vez do sacrifício ritual, Krishna requer um sacrifício interno. Ele argumenta que a vida espiritual pode ser vivida no mundo — até mesmo no calor da batalha — se as ações são desempenhadas a partir de um sentido de dever religioso, com a mente visando não a uma recompensa pessoal, mas em atitude de devoção a Deus. É uma questão de adequar as próprias ações à vontade de Deus, que existe dentro do coração. Krishna então manifesta uma forma cósmica impressionante, que contém o Universo. Quem quer que ame Deus, explica ele, é amado por Deus. Os devotos vivem em Krishna e Krishna vive neles.

Krishna e Arjuna preparam-se para a batalha — o Bhagavad Gita expõe os principais tópicos da fé hinduísta em linguagem poética e inspiradora.

---

c. 250 a.C.
O Bhagavad Gita é escrito

c. 800
O comentário de Sankaracharya cria um público mais amplo

1290
Jnaneshvara escreve o comentário Marathi

1785
É traduzido para o inglês

1823
É traduzido para o latim

1909
Tradução inglesa de Swami Swarupananda

BUDISMO

Buda foi um homem santo

renunciante que abandonou a corrente principal da religião brâmane da Índia. Ele dispensou rituais e especulações sobre Deus e ensinou um caminho essencialmente pragmático de cultivo da mente, cuja meta era o fim do sofrimento. Para Buda, o sofrimento é o resultado inevitável do modo pelo qual a pessoa instintivamente reforça seu ego ao se apegar ao que é agradável e reagir contra o que é desagradável. Em termos realistas, a dor é inevitável e, como as coisas estão em perpétua mudança, também não há como evitar a dificuldade de experimentar os fugazes estados de prazer. Ao perceber o fluxo impermanente da experiência — e o fato de que todos morremos —, podemos desenvolver uma atitude serena, que em última instância se apoia na descoberta de que o próprio ego é uma ficção insubstancial e que aquilo que realmente somos está além de todos os pensamentos do "eu". Nessa vida, o nirvana, a meta, é a "extinção" dessas tendências compulsivas — os três fogos, da ganância, da raiva e da ilusão — e a completa reviravolta da pessoa, abrindo mão do egoísmo neurótico para encontrar um estado de paz jubilosa e de liberdade de ser naturalmente amoroso com os outros (altruísmo). Com a morte, o nirvana assinala o fim do ciclo de reencarnações.

CRENÇA
O primeiro sermão de Buda ensinou quatro verdades: o sofrimento, a origem do sofrimento, o fim do sofrimento (nirvana) e o caminho para o fim do sofrimento.

PRÁTICA
A meditação budista consiste em duas disciplinas combinadas: concentração e *insight*. Ao se concentrar em um objeto, como a respiração, a mente se retira da experiência dos sentidos e dos pensamentos e entra em um estado de calma e gozo. O *insight* é a "visão" repetida do fluxo impermanente dos fenômenos, dentro do qual não é possível encontrar o ego. Isso erradica uma visão equivocada da realidade, que é a base subjacente das tendências emocionais neuróticas.

TEMAS RELACIONADOS
HINDUÍSMO
p. 32
BUDISMO MAHAYANA
p. 40
JAINISMO
p. 42

DADOS BIOGRÁFICOS
BUDA
c. 563-483 a.C.

BUDDHAGHOSA
século V a.C.

CITAÇÃO
Alexander Studholme

Os budistas não creem num Deus pessoal; em vez disso, esforçam-se para eliminar o sofrimento e alcançar a meta última da iluminação — o nirvana —, levando uma vida desapegada do ego.

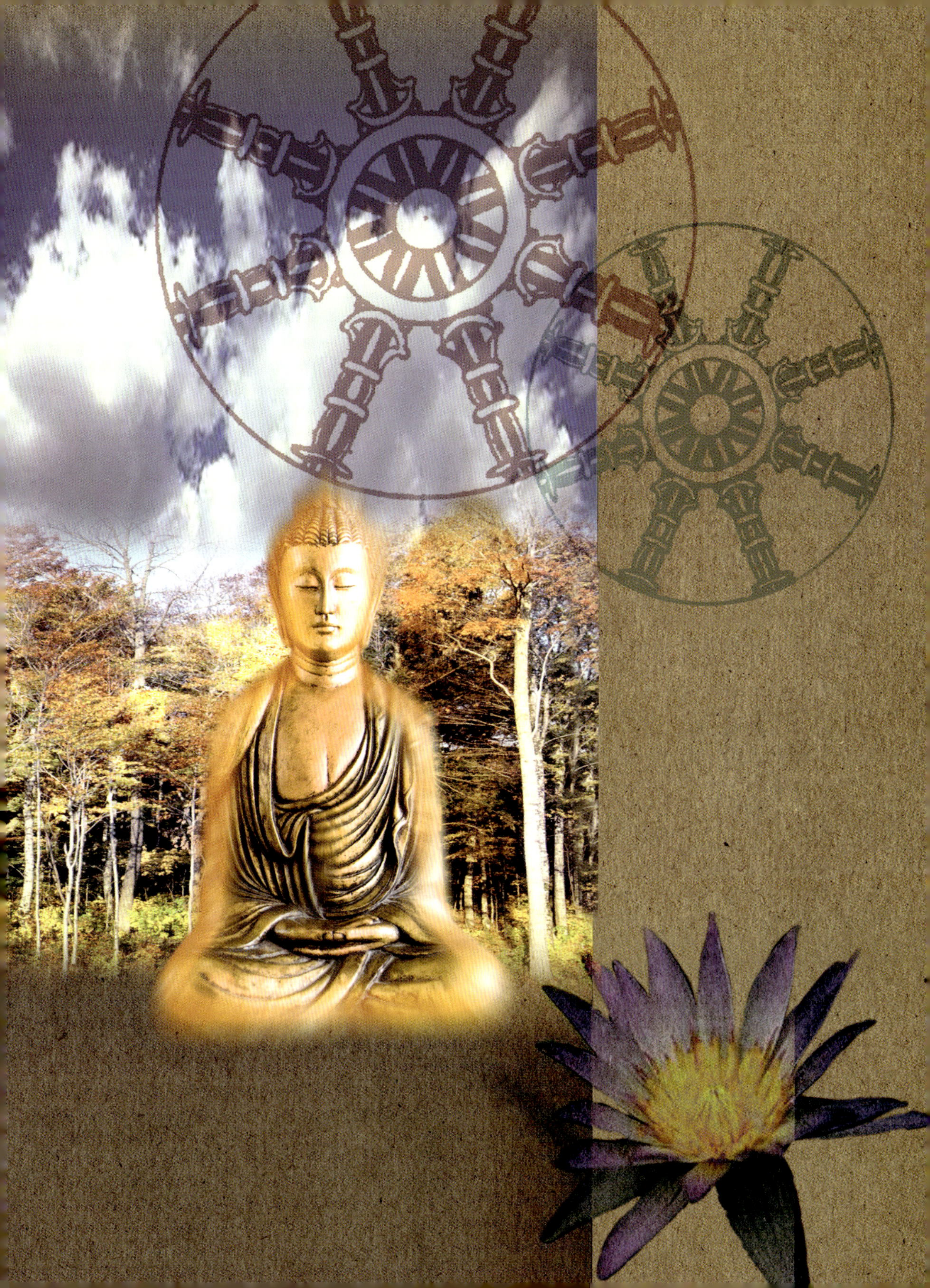

အာဂစ ္ဆန္တာဒန္တာဝသဘဝါသိကိ ဒသ
နာဂစီသာန္တိ။ အဟံပါိသေနာယဂစ္ဆာ
နေဝတသ္သိပကရဏောစမ္ပကထိကတ္တဂ
င့်ဂပေါတ္တာစီဝရကာလသမယံအ
ာဒဝါါစ။ကယိမာန်အာဂုသောစီ
ဂရောစေသံ။အာယသ္သာအာနန္ဒော ၅ ဇ္ဇ
ကိရာဘိက္ခုဝေ ဘိက္ခုအစ္ဆေကစီဝရံပ
သသံ။ နေထံဘိက္ခုဝေ အပသန္နံဝါပ
ဘဝံ။ပဂ္ဂါပေါတ္တာယာဝစီဝရကာလ
ာစီဝရံနာမသေနာယဝိဝဋ္ဌာနာမော
တံပဟာ ကောယျှ အာဂစ္ဆန္တာဒန္တာဝ
စ္စကစီဝရံ။စီဝရကာလသမယော
သဂိယံပါ စိတိယံ။အတ္တဝေတကဒ
လသမယံအ တ္တကာစ်တ္တာန်သဂိ
ယံ။အဂေကစီဝရေဂပ္ပကိ

CÂNONE PÁLI

Existem três versões do cânone budista, e a mais antiga delas é o Cânone Páli. As outras duas são os cânones chinês e tibetano, que contêm os últimos ensinamentos do budismo mahayana e vajrayana (ou tântrico). Desde o início do primeiro milênio os missionários budistas indianos viajaram pela Rota da Seda até a China. Depois, no final do milênio, os textos foram levados pelo Himalaia até o Tibete, na fuga das invasões muçulmanas da Índia, que acarretaram a morte do budismo no subcontinente indiano.

Os três cânones juntos são conhecidos como *tripitika*, ou "três cestas": contêm o *vinaya* (disciplina monástica), o *sutra* (discursos) e o *abhidharma* (tratados escolásticos). O processo de juntar uma coletânea definitiva dos ensinamentos começou no Primeiro Conselho Budista, realizado logo após a morte do Buda em c. 480 a.C., quando 500 monges iluminados recitaram tudo de cor. A seguir, surgiram na Índia várias seitas budistas, das quais a Theravada ("ensinamentos dos mais velhos") se tornou a dominante, espalhando-se pelo Sri Lanka e pelo Sudeste Asiático.

O Cânone Páli é visto pelos budistas theravada como uma versão do antigo cânone trazido para o Sri Lanka no século III a.C. Páli é o nome da língua usada: próxima da que era falada pelo Buda e uma forma mais simples da linguagem sânscrita de elite empregada pelos sacerdotes brâmanes. Segundo a tradição, levaria outros 150 anos para que os ensinamentos fossem colocados pela primeira vez por escrito, o que deve ter sido um alívio para os responsáveis por manter aquele prodígio de memória. Só a cesta dos sutras contém 34 longos discursos, 152 discursos de extensão média e centenas de sermões curtos. A fim de se autenticarem como a "palavra de Buda", os últimos cânones alegam que os ensinamentos mahayana foram recebidos em sonhos e visões diretamente do Buda, que continuou a existir em forma espiritual.

Uma página do Cânone Páli em birmanês.

563 a.C.
Nascimento de Buda

483 a.C.
Morte de Buda; Primeiro Conselho Budista

250 a.C.
Criação do Cânone Páli

29 a.C.
Cânone Páli transcrito em folhas de palmeira

1868
Inscrito em 729 placas de mármore em Mandalay, Birmânia

1893
Versão incompleta impressa em Sião (atual Tailândia)

1900
Primeira edição completa impressa na Birmânia

1956
O Sexto Conselho Budista aprova a nova versão

BUDISMO MAHAYANA

No budismo mahayana, o Buda histórico é visto como manifestação física do verdadeiro corpo de Buda — um corpo espiritual, sem forma, cósmico, que é também a natureza última da realidade. Assim, o universo inteiro existe em Buda. Esse corpo sem forma emana outras formas divinas intermediárias, não físicas: Budas e seres iluminados que são contatados por meio de práticas devocionais. Essas formas divinas são ainda fonte de escrituras recém-reveladas, sutras que descrevem essas práticas devocionais e, também, de uma nova metafísica. A realidade é sempre vista como uma ilusão mágica ou sonho. Todos os fenômenos são "vazios" — falta-lhes essência substancial discernível e não têm existência independente fora da mente. O caminho espiritual não termina mais no nirvana — um estado de paz que é o fim do ciclo de morte e renascimento —, mas envolve um contínuo retorno à existência incorporada, ditada pela compaixão pelos outros, e que culmina com a obtenção do completo Estado de Buda. O progresso no caminho envolve cultivar essa compaixão, junto com o *insight* da "vacuidade". Em suma, tudo o que se requer é purificar a mente, para que as qualidades inerentes da realidade última — a natureza de Buda no interior de todos os seres — possam brilhar.

CRENÇA
Mahayana ("o grande veículo") é uma visão budista amplificada, mais espiritualizada, que junta o devocionalismo e uma complexa metafísica ao pragmatismo psicológico dos ensinamentos originais.

PRÁTICA
O budismo mahayana é cheio de paradoxos e pontos de vista mutáveis. A meta é renascer no reino de Amitabha, o Buda da Luz Infinita, que existe dentro de cada um como a verdadeira natureza da mente. O caminho envolve o árduo trabalho de salvar os inumeráveis seres que sofrem. Mas, no fundo, todos os seres são "vazios". Assim, não há nenhum ser e portanto... nenhum caminho. Tudo é perfeito como está: não há o que fazer a não ser relaxar.

TEMAS RELACIONADOS
BUDISMO
p. 36
TAOISMO
p. 48

DADOS BIOGRÁFICOS
NAGARJUNA
c. 150-250 d.C.
BODHIDHARMA
c. séculos V/VI
GURU PADMASAMBHAVA
c. século VIII
NICHIREN
1222-1282

CITAÇÃO
Alexander Studholme

Buda existe dentro de todos os seres e é a verdadeira natureza da realidade — mas o que é a realidade?

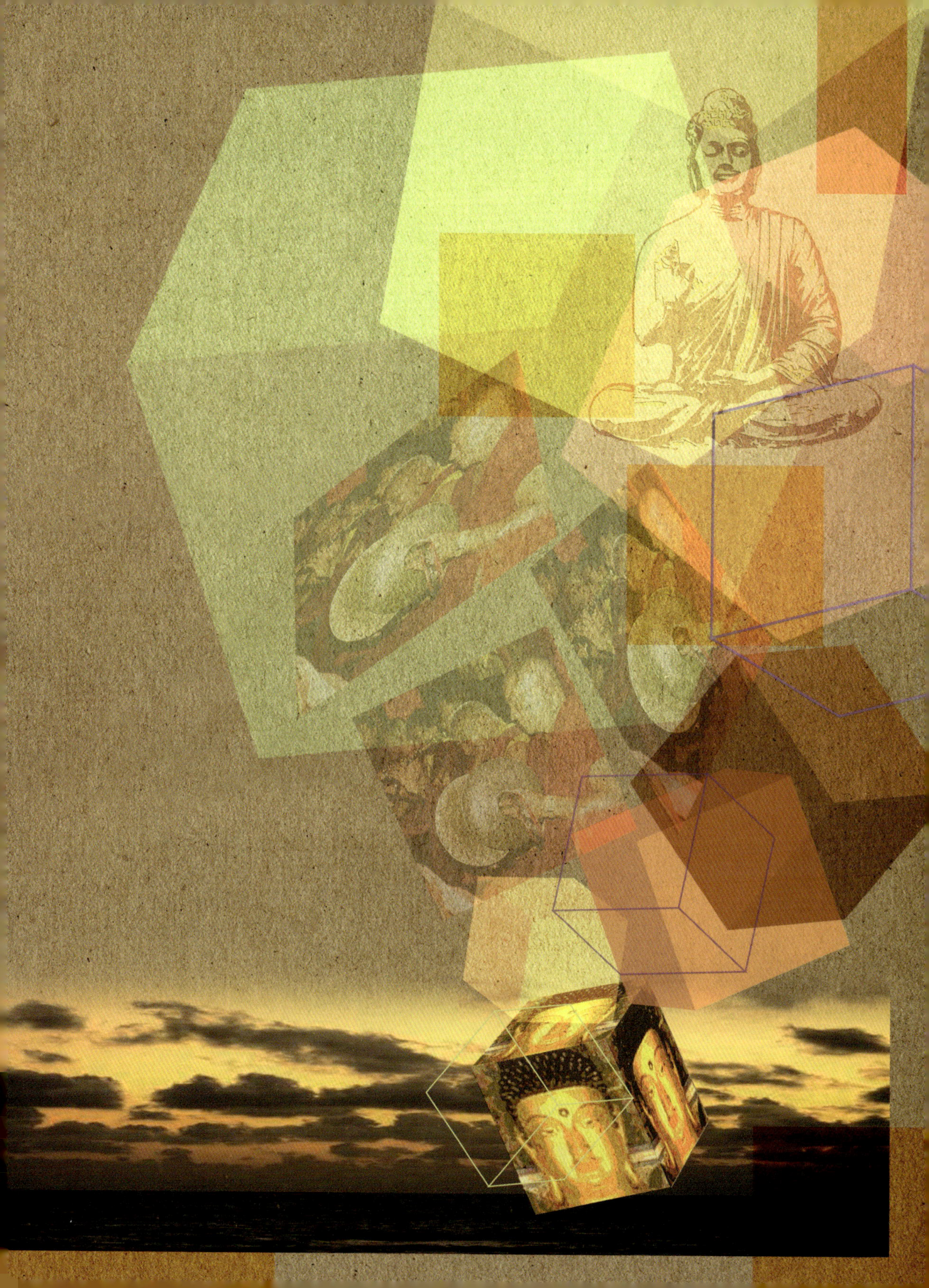

JAINISMO

O jainismo — do sânscrito *jina*, "conquistador" – surgiu na Índia ao mesmo tempo que o budismo e constitui uma versão alternativa do caminho da renúncia. Tem como meta a libertação da alma de sua capa de carma, levando à onisciência e, após a morte, ao fim da reencarnação e ao ingresso na vida eterna, junto com outras almas liberadas, em um reino no topo do Universo. Como no budismo, o carma é o resultado de paixões e ações. Mas, em contraste com a ênfase dada por Buda à meditação, o Mahavira — o "grande herói" fundador do jainismo — priorizava a prática de uma rigorosa autoabstenção e de severas austeridades (em particular, o jejum), a fim de queimar carma. Os jainistas também dão muita ênfase à não violência e ao vegetarianismo, pois para eles os animais e até as plantas têm alma. O envolvimento com o caminho implica manter o ascetismo. Os leigos encaram esse esforço, procuram manter os votos principais do melhor jeito possível e preparam-se para uma renúncia no futuro. Embora não tenham uma doutrina sobre um criador, os jainistas cultuam Deus como o espírito supremo, que é o potencial de todas as almas e é imediatamente aparente no Mahavira e em outros mestres libertados de sua linhagem, que, portanto, se tornam o foco da devoção.

CRENÇA
O jainismo é uma religião ascética e moderada, a fonte do conceito hindu de *ahimsa*, "não violência", pedra de toque da filosofia política de Mahatma Gandhi.

PRÁTICA
Os jainistas fazem votos de se abster de matar, ter atividade sexual, mentir, roubar e se apegar a posses. O primeiro desses votos, a não violência compassiva, é visto como o supremo dever religioso. Monges e freiras portam pequenas vassouras para varrer quaisquer insetos em seu caminho e usam máscaras faciais para evitar a inalação acidental de moscas. Similarmente, bebem apenas água filtrada, são proibidos de acender fogueiras e cavar a terra e geralmente procuram circular com extremo cuidado.

TEMAS RELACIONADOS
HINDUÍSMO
p. 32
BUDISMO
p. 36

DADOS BIOGRÁFICOS
MAHAVIRA
c. 599-527/510 a.C.

UMASVATI
c. século II a.C.

CITAÇÃO
Alexander Studholme

Toda vida é sagrada e deve ser preservada; para alcançar a onisciência, queima-se o carma por meio de rigoroso autocontrole e austeridade.

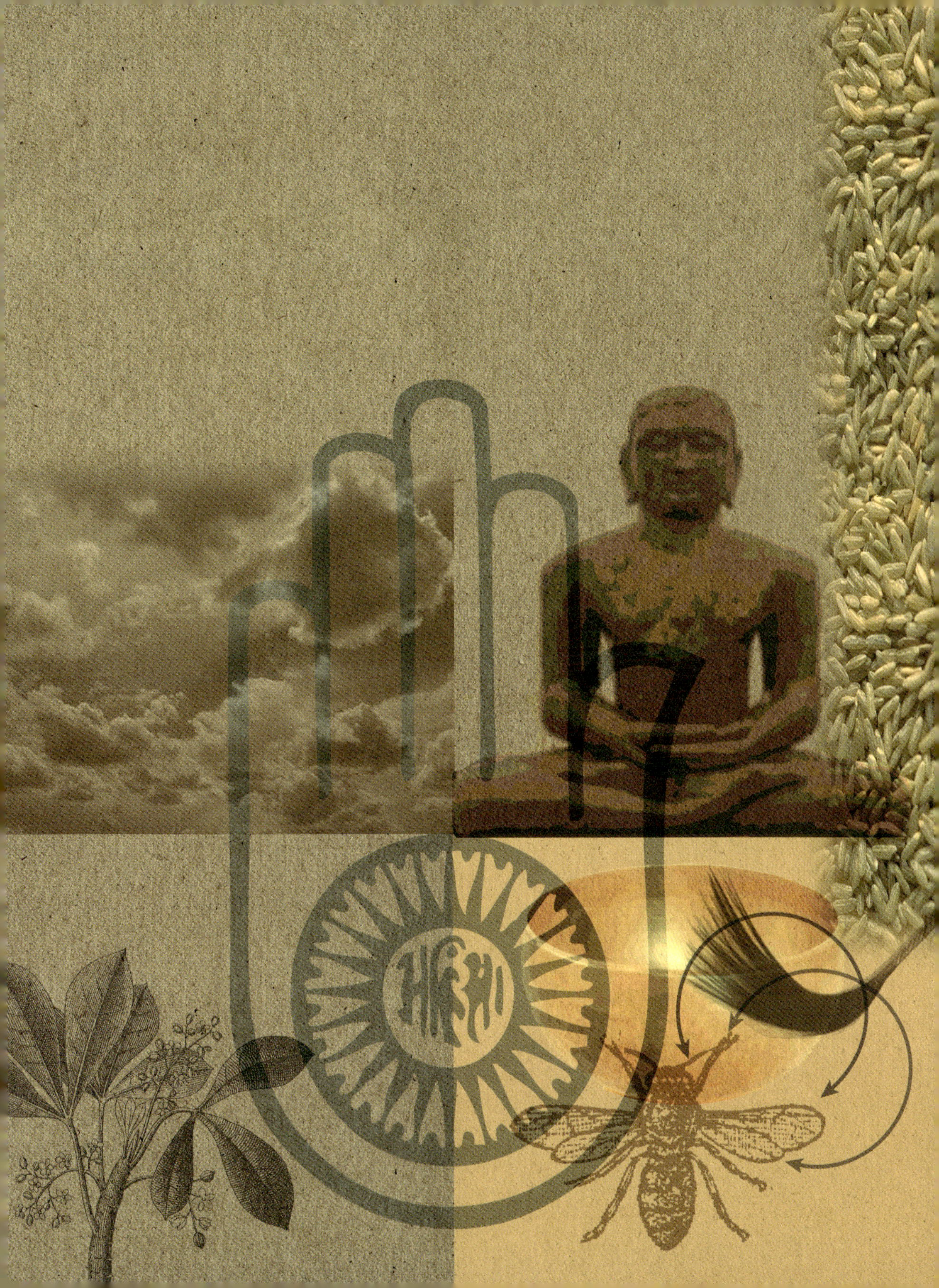

SIQUISMO

O siquismo é uma religião indiana enraizada em uma linhagem de dez gurus do Punjab, o território do norte da Índia onde vive ainda a maior parte de seus adeptos. Suas duas características principais são uma ardorosa devoção a Deus e um *éthos* de coragem marcial, ambos moldados pela experiência de levar vidas piedosas sob o domínio estrangeiro dos mogóis muçulmanos. O primeiro guru, Guru Nanak, era um bardo e místico itinerante que cantava louvores a um Deus informe que não pertence exclusivamente nem a hindus nem a muçulmanos, mas que une os dois. O décimo guru, Guru Gobind Singh, era um poeta guerreiro que institucionalizou o dever de portar armas diante da opressão. O culto dos siques envolve entoar hinos e recitar o nome de Deus, a fim de desenvolver amor pela humanidade e pelo divino, o que pode acabar levando ao fim do ciclo de reencarnação na experiência de uma união final com Deus. O Adi Granth, livro sagrado que contém esses hinos, é o foco do local sique de culto, o *gurdwara*, cujo símbolo mais famoso é o Templo Dourado de Amritsar. Os siques não renunciam à vida leiga, não têm ídolos, não se prendem às restrições de casta e valorizam o trabalho honesto e o serviço social.

CRENÇA
Os siques cultuam Deus, que existe além de todas as aparências e que está universalmente disponível a todos, sejam hindus, muçulmanos ou de qualquer outro credo.

PRÁTICA
O turbante sique é um sinal de identidade que deriva do primeiro dos cinco preceitos, ou "k"s. Os homens siques por tradição nunca cortam o cabelo (*kes*), sinal de força espiritual. Também devem usar ou carregar um pente (*kangha*), um bracelete de ferro (*kara*), uma roupa interior curta (*kacch*) e uma espada ou adaga (*kirpan*), que simbolizam espiritualidade ordenada, proteção e unidade com Deus, contenção e prontidão para a luta.

TEMA RELACIONADO
HINDUÍSMO
p. 32

DADOS BIOGRÁFICOS
GURU NANAK
1469-1539

GURU GOBIND SINGH
1666-1708

CITAÇÃO
Alexander Studholme

"A compreensão da Verdade é mais elevada do que qualquer outra coisa. Mais elevado ainda é viver segundo a Verdade."
GURU NANAK

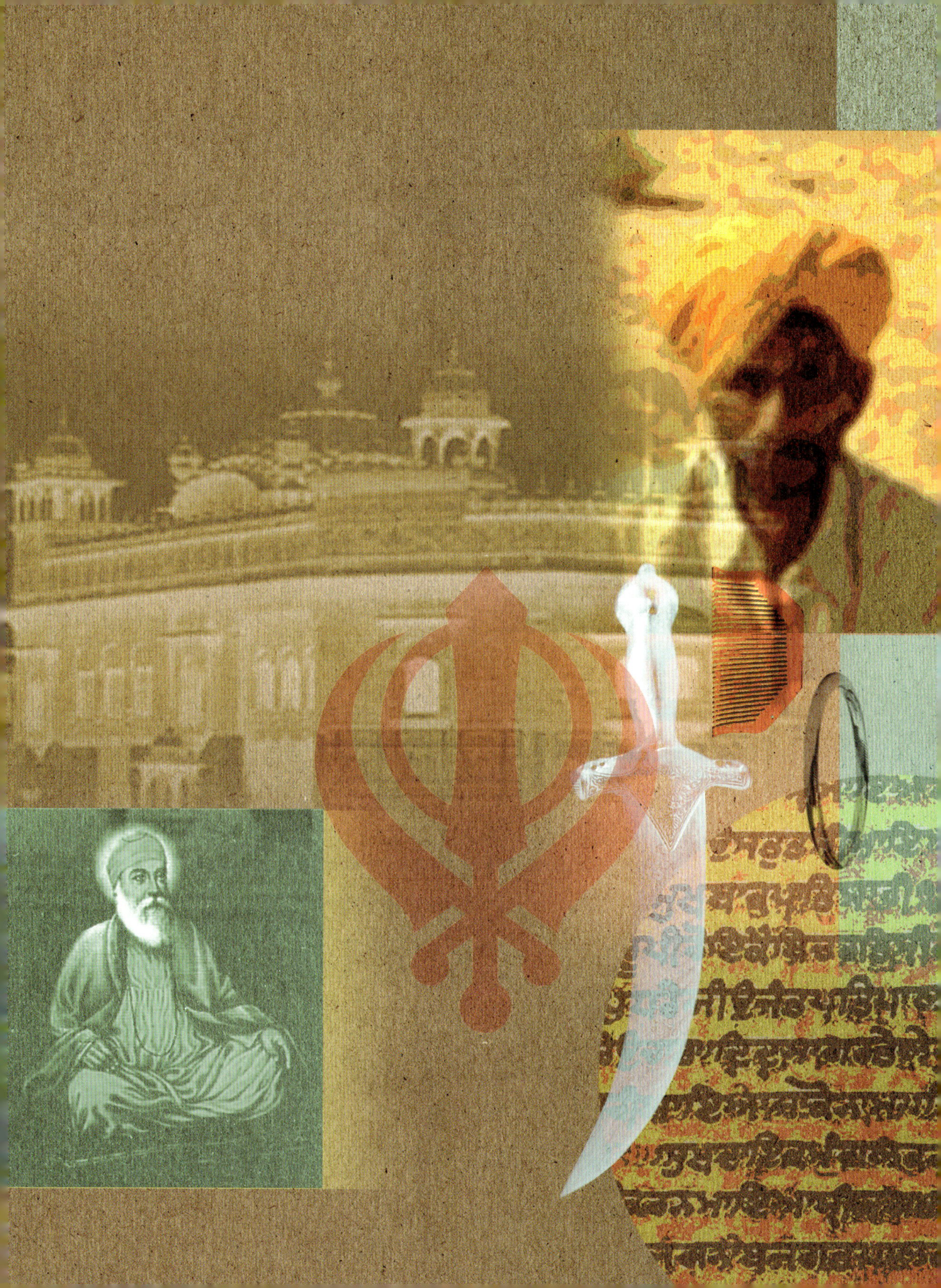

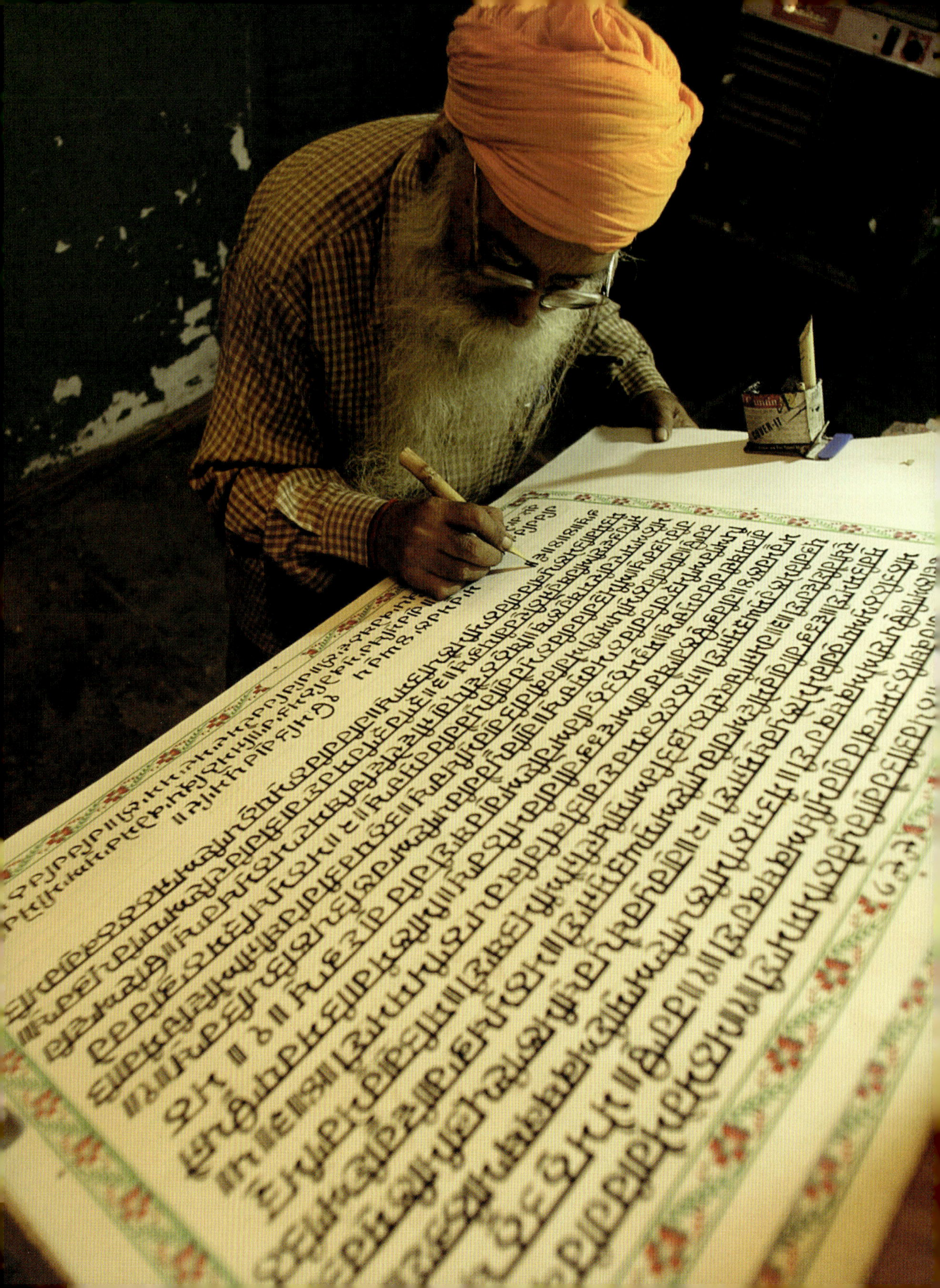

GURU GRANTH SAHIB

Os adeptos da maioria das religiões acreditam que seus livros sagrados são mais do que livros. Por isso não se deve estranhar ver siques curvando-se diante de seu livro sagrado, o Guru Granth Sahib. Tampouco surpreende sua crença de que deve-se cobrir a cabeça e tirar os sapatos na presença do livro, ou que é indelicado ficar de costas para ele. Ou vê-los colocar o texto religioso para dormir toda noite e despertá-lo toda manhã. A uma primeira análise, todos esses comportamentos podem parecer um exagero, mas deve-se considerar que, para os siques, o Guru Granth Sahib não é apenas um livro — é a manifestação de um verdadeiro guru. Mas como foi que esse volume de 1.420 páginas deixou de ser um livro chamado Adi Granth para se tornar um guru de nome Granth Sahib?

Tudo começou com o primeiro guru, Nanak, que descobriu que transformar seu ensinamento em versos e associá-los a melodias era uma maneira eficaz de decorá-los. Ele compôs 974 desses hinos (ou *shabads*). Conforme a religião sique se expandiu, era necessário contar com uma fonte autorizada de ensinamentos, então o segundo guru, Angad, escreveu os versos de Nanak, acrescentando 62 de sua lavra. Dizem que foi para isso que se inventou o alfabeto Gurmukhi. No entanto, era inevitável que começassem a surgir cópias imprecisas — por isso, em 1604, o quinto guru, Arjan, criou uma versão definitiva, aprovada pelo último dos discípulos siques originais. Ela incluiu outros 2.218 hinos escritos por Arjan e 1.586 de seus dois predecessores imediatos, e foi chamada de Adi Granth, ou "primeira escritura".

O sexto, o sétimo e o oitavo gurus não eram compositores, mas o nono, Tegh Bahadar, e seu filho, Gobind Singh, retomaram o projeto. Antes de morrer, porém, Gobind proclamou que não haveria mais gurus humanos. Então elaborou uma nova versão do Adi Granth, incluindo 116 hinos escritos por seu pai, e conferiu-lhe o título de "Guru dos Siques", após o que foi renomeado como Guru Granth — o "Sahib" foi acrescentado como sinal de respeito. As composições do próprio Gobind Singh foram publicadas e veneradas pelos siques como o Dasam Granth.

1469
Nasce o Guru Nanak

1604
O Adi Granth é publicado

1698
O Dasam Granth é publicado

1706
O Guru Granth Sahib é publicado

1708
Morte de Guru Gobind

1864
Primeira impressão do Guru Granth Sahib

1960
Primeira tradução inglesa

Um erudito sique trabalha em uma versão feita à mão do Guru Granth Sahib.

TAOISMO

O Tao, às vezes traduzido como "o caminho", indica uma força ou princípio onipresente mas indefinível que reside no cerne de tudo. O taoismo filosófico, portanto, é uma espécie de misticismo engajado, cuja meta é sintonizar-se com essa lei natural, expressa tipicamente na vida e nas afirmações aforísticas de sábios anarquistas que vivem em remotos bosques de bambu. Seus ensinamentos essenciais estão no Tao Te Ching, um livro de Lao Tsé, e no texto epônimo de Chuang Tzu, figuras lendárias que combinam *insights* enigmáticos sobre a natureza da realidade com instruções espirituais, conselhos políticos e senso comum. Lao Tsé diz, por exemplo: "Realizar sem agir, ser determinado sem se esforçar". Chuang Tzu pergunta: "Sou um homem que sonhou ser uma borboleta, ou uma borboleta sonhando que é um homem?". Além disso, o taoismo popular abrange uma série eclética de saberes chineses, como o culto de divindades locais, mediunidade, adivinhação, astrologia, a arte do feng shui, as iogas de energia do tai chi e do qigong e a alquimia. O taoismo religioso é uma sistematização dessas correntes filosóficas e práticas, moldadas pelo exemplo do budismo mahayana, envolvendo a criação de um cânone literário, de práticas sacerdotais em templos e de ordens monásticas.

CRENÇA
O taoismo é uma via mística e uma série de práticas esotéricas. A combinação desses dois aspectos produziu uma religião organizada.

PRÁTICA
O taoismo cultiva a harmonia, o equilíbrio, a energia e a fluência, que é o que vemos na natureza. *Yin* e *yang* refletem a dualidade complementar, como em macho e fêmea, claro e escuro, quente e frio. O *wu wei*, ou "não ação", indica a força e a facilidade que derivam de não resistir às presentes circunstâncias, como faz a água ao encontrar seu próprio nível ou uma árvore ao desenvolver sua forma. A apreciação taoista da beleza simples, da espontaneidade e de seu humor enigmático fazem do taoismo uma versão chinesa do zen-budismo.

TEMAS RELACIONADOS
SHENISMO
p. 24
BUDISMO MAHAYANA
p. 40
CONFUCIONISMO
p. 50

DADOS BIOGRÁFICOS
LAO TSÉ
c. século VI a.C.
CHUANG TZU
c. século IV a.C.
SETE SÁBIOS DO BOSQUE DE BAMBU
c. século III d.C.

CITAÇÃO
Alexander Studholme

Místico mas também francamente prático, o taoismo trata do fluxo natural do Universo e de tudo o que há nele.

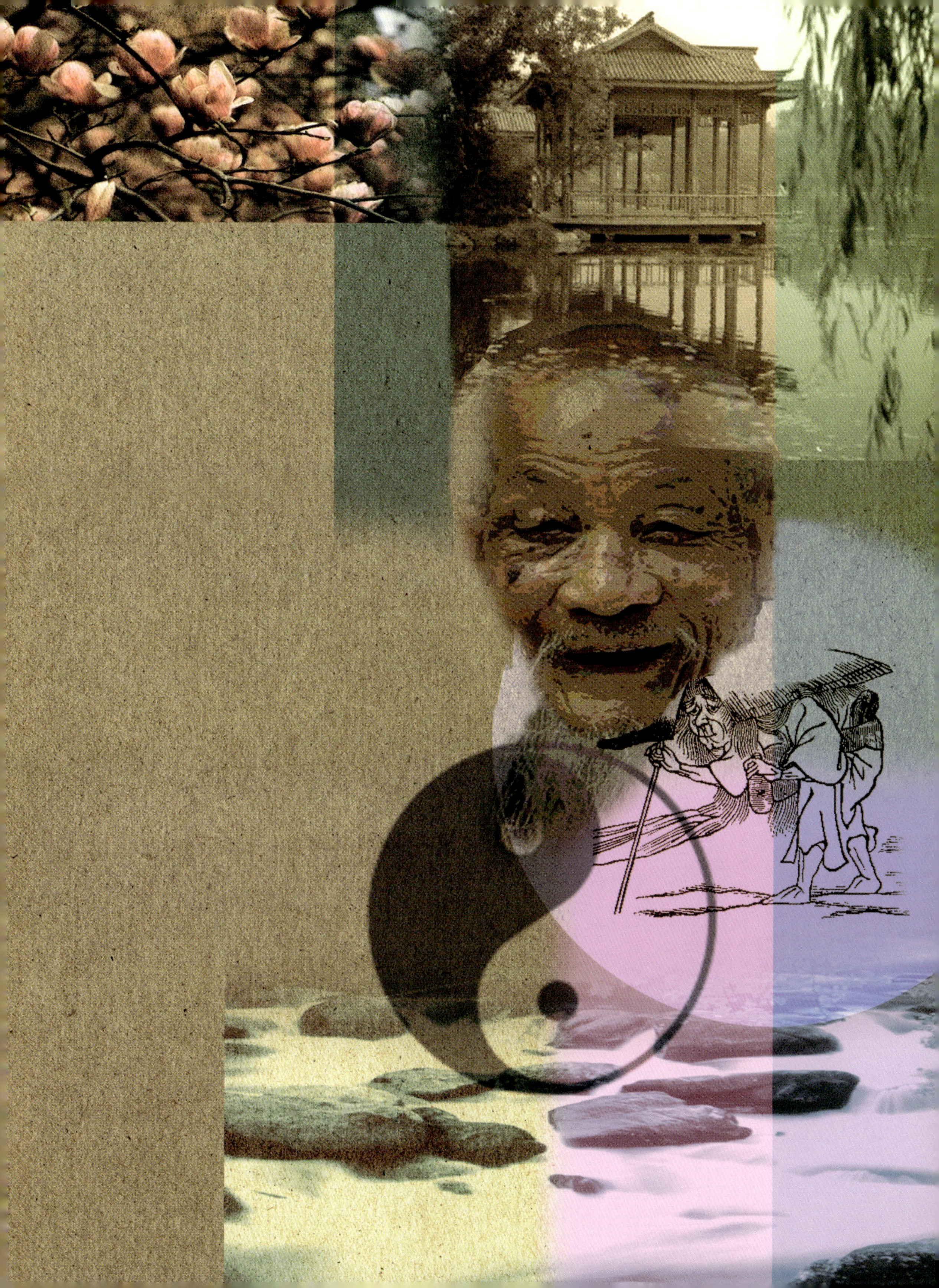

CONFUCIONISMO

Confúcio buscou introduzir harmonia política em tempos de grande agitação social. Seu ensinamento tinha quatro temas-chave: a consideração mútua, isto é, a regra áurea de não fazer aos outros o que você não quer que lhe façam; a família, incentivando laços de lealdade, respeito aos pais e aos mais velhos; a humanidade, expressa em qualidades cavalheirescas, como cortesia, generosidade, honestidade, diligência e bondade; e o ritual, valorizando as boas maneiras e a etiqueta, assim como cerimônias privadas e públicas. Embora muitos não vejam no confucionismo uma religião, sua noção de ritual abrangia tanto o culto aos espíritos dos ancestrais como o culto ao imperador como Filho do Céu, num sistema de crença quase-teísta. Mais tarde, o Estado chinês estimulou a construção de templos confucianos — inclusive com estátuas de Confúcio como uma espécie de divindade —, às vezes em lugar de santuários taoistas e budistas. Até 1905, conhecer os textos clássicos de Confúcio e de seus discípulos era a base da instrução chinesa e dos famosos exames para o serviço público. Mesmo com a Revolução Comunista, o culto à personalidade do presidente Mao e ao seu Pequeno Livro Vermelho por ironia ainda se enquadrava no modelo tradicional de um imperador divino e de sua divulgação de aforismos confucianos.

CRENÇA
O confucionismo é uma interpretação mundana do Tao, "o caminho", e criou um código de ética que moldou as atitudes chinesas em relação à família, à sociedade e ao governo.

PRÁTICA
Confúcio comenta, por exemplo, sobre a moral pessoal: "É uma vergonha pensar apenas no próprio salário, quer o governo aja ou não de acordo com o Tao". Sobre a educação: "Um bom professor traz compreensão do novo mantendo o respeito ao velho". Sobre o governo: "Se você não consegue corrigir a si mesmo, como poderá corrigir os outros?". E sobre a natureza humana: "Ainda não encontrei ninguém que admire a virtude mais do que admira os atrativos sexuais".

TEMAS RELACIONADOS
SHENISMO
p. 24
BUDISMO MAHAYANA
p. 40
TAOISMO
p. 48

DADOS BIOGRÁFICOS
CONFÚCIO
c. 551-479 a.C.
MÊNCIO
c. 371-289 a.C.

CITAÇÃO
Alexander Studholme

Os aforismos morais, filosóficos e políticos de Confúcio acabaram ganhando um sentido quase religioso.

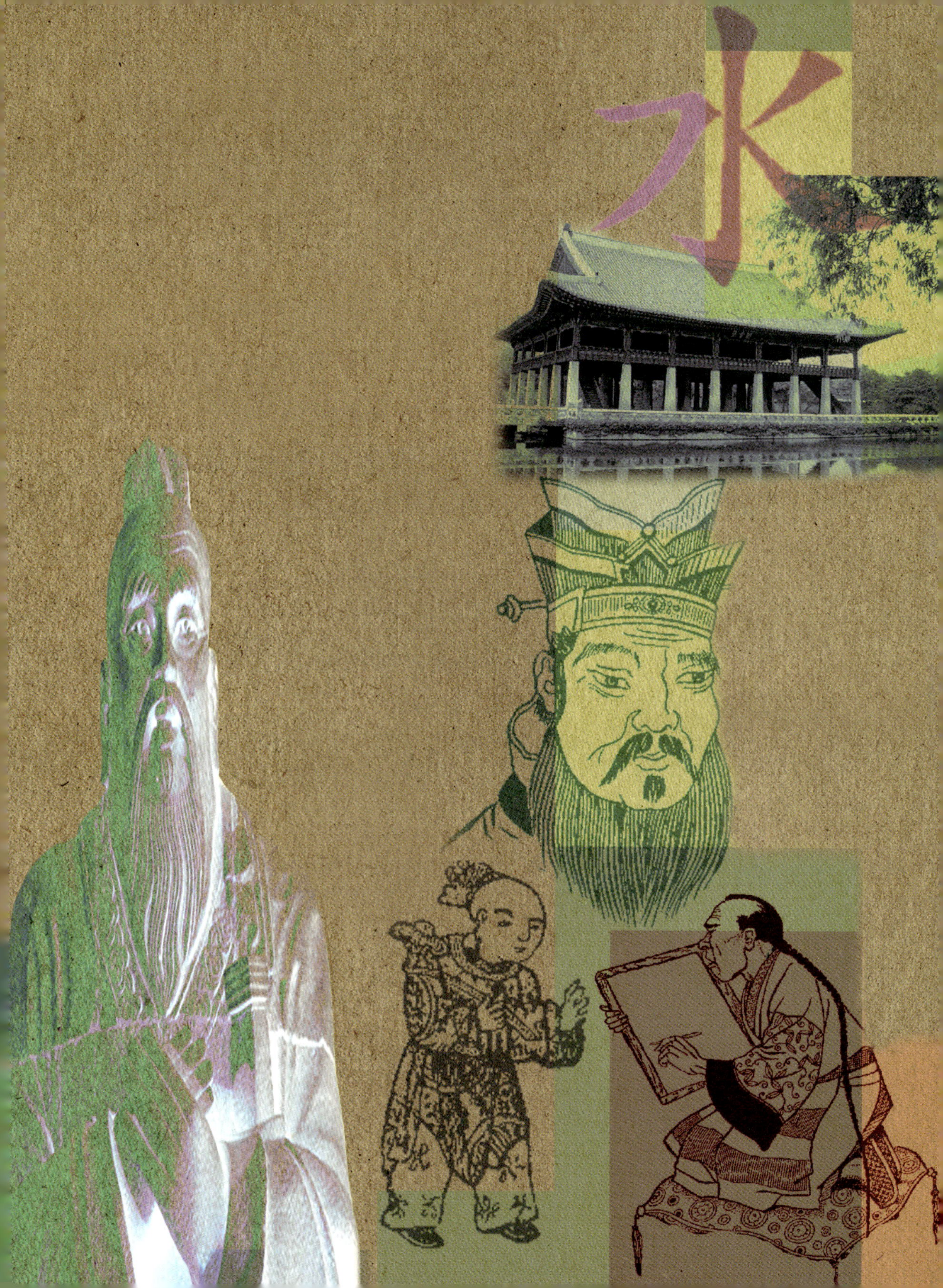
水

伏羲仰觀天文圖

（八卦圖：乾・兌・離・震・巽・坎・艮・坤、及び二十八宿）

南
東
北
西

春 夏 秋 冬

日月星辰

若へ伏羲の天下に王らんと時易を作らんとて万民の用をなさんと欲に給ふにか丶る丶に天地は遠ま作り次能あらんと能を察せ先仰て経緯きを観し象を天う觀ふ日月星辰の盈虚消息陽見の泡沫のなとを寄しのふとゝゝ

I CHING

A base do I Ching, livro clássico chinês de adivinhação, é um conjunto de oito símbolos, formados por três linhas horizontais. Algumas linhas são partidas (as linhas *yin*), outras são contínuas (as linhas *yang*). Esses oito símbolos são os trigramas; cada um deles corresponde a um aspecto da natureza (terra, montanha, água, vento, trovão, fogo, lago e céu), e a cada trigrama se atribui um conjunto de características, como tipo de relação familiar, parte do corpo e temperamento. O trigrama céu, por exemplo, é formado por três linhas sólidas e significa a paternidade, a cabeça e a força.

Oito símbolos, porém, não bastavam para uma leitura particularmente profunda, então alguém teve a ideia de sobrepor esses trigramas, dois a dois, criando os chamados hexagramas, com seis linhas horizontais cada, que geraram um total de 64 combinações. E assim nasceu o I Ching. Em um nível, o livro pode ser usado como método de adivinhação. A pessoa faz uma pergunta e então lança-se um punhado de varetas de mil-folhas (o método tradicional) ou três moedas (o método rápido) para encontrar desse modo o hexagrama relevante. O símbolo então é consultado no I Ching e interpretado de acordo.

O I Ching é bem mais que um livro de clarividência. Por meio da sabedoria acumulada por gerações de comentaristas, incluindo figuras do porte de Confúcio, o texto acabou se tornando uma filosofia de vida. Seus temas-chave são pragmatismo, racionalismo, equilíbrio de opostos e, o mais central, inevitabilidade da mudança. Essa noção do fluxo constante é tão crucial que foi incorporada ao método de lançar as varetas ou moedas para se achar o hexagrama, com certas linhas podendo mudar de *yin* para *yang*, e vice-versa. Segundo o I Ching, a real sabedoria é aprender a lidar com a mudança. Também conhecido como Livro das Mutações, ou Clássico das Mutações, o I Ching é um dos Quatro Livros e Cinco Clássicos do Confucionismo, e é fundamental tanto para o pensamento taoista quanto para o confucionista.

c. 1150 a.C.
Wen Wang cria os hexagramas, escreve Chou I

221 a.C.
O I Ching sobrevive à queima dos livros

551-479 a.C.
Comentário das Dez Asas, de Confúcio e outros

168 a.C.
Texto Mawangdui, descoberto em 1973

c. 249 d.C.
A ordem atual do I Ching é estabelecida por Wang Bi

Página do I Ching mostrando no centro os oito trigramas.

XINTOÍSMO

O xintoísmo entende que o mundo é permeado pela presença de *kami*, termo abrangente para as forças espirituais invisíveis, que vão desde o poder sem nome que habita uma cachoeira, uma bela árvore ou uma formação rochosa enigmática, até um guardião ou auxiliar personificado. O local religioso xintoísta pode ser um templo formal — acessado por um portal vermelho de vigas cruzadas — ou um aspecto prosaico da paisagem japonesa, delimitado apenas por uma corda de palha branca. O devoto apresenta uma oferenda, bate as mãos ou toca um sino para alertar o *kami*, e diz uma oração. Entre os *kami* populares estão Inari, o "carregador de arroz", que traz sucesso nos negócios, e Tenjin, um erudito do século IX, a quem os estudantes apelam na época de provas. Pequenos santuários *kami* e amuletos são usados nas casas e escritórios. O xintoísmo celebra uma história mítica do Japão e o vínculo especial entre seu povo e suas ilhas. No entanto, no século XIX foi usado também para legitimar o nacionalismo militarista e fascista, uma fase que oficialmente terminou em 1946, após a derrota do Japão na Segunda Guerra Mundial, quando o imperador abjurou publicamente a crença de que ele seria a corporificação viva de Amaterasu, a deusa xintoísta do Sol.

CRENÇA
O xintoísmo é a religião indígena do Japão, um animismo afirmador da vida, que convoca as bênçãos das forças divinas da natureza e de seres espirituais específicos.

PRÁTICA
O xintoísmo está associado a crescer e prosperar, e incentiva as pessoas a serem sinceras, alegres e puras. Os templos abrigam casamentos e cerimônias de bênçãos para bebês. Os sacerdotes realizam rituais de inauguração para projetos de edifícios e visitam escritórios no início de empreendimentos de negócios. As principais festividades são realizadas na época de Ano-Novo e na colheita de outono. Como resultado, o xintoísmo tem pouco a ver com a morte: os funerais japoneses geralmente são deixados a cargo dos budistas.

TEMAS RELACIONADOS
ANIMISMO
p. 18
BUDISMO MAHAYANA
p. 40

CITAÇÃO
Alexander Studholme

A visão animista do xintoísmo exalta vários aspectos da natureza, e orar para divindades pessoais traz benefícios mundanos específicos.

神道

TRADIÇÕES ABRAÂMICAS

TRADIÇÕES ABRAÂMICAS
GLOSSÁRIO

agnóstico Alguém que não tem certeza da existência (ou não existência) de Deus. Do grego *a* ("não") e *gnosis* ("conhecimento") – ou seja, "sem conhecimento".

ascetismo A prática de punir o corpo para alcançar maior sabedoria espiritual.

babismo Religião fundada na Pérsia em 1844 por Sayyed 'Ali Mohammad. Mistura de islamismo, cristianismo, judaísmo e zoroastrismo, proibia a poligamia, a escravidão e o consumo de álcool, e defendia uma abordagem mais liberal dos direitos da mulher. Mohammad adotou o título de Bab ("o Portão") e dizia ser o 12º imã da tradição xiita. Foi executado como herético em 1850. Ver também *bahaísmo (p. 76)*.

Hadith Coleção de ditos e ações do profeta Maomé, baseada em relatos orais, reunidos e interpretados posteriormente por estudiosos islâmicos. O Hadith só é superado em autoridade pelo Corão e forma a base do modo de vida islâmico (ou suna, a tradição do Profeta).

Halachá As regras coletivas que governam o modo de vida judaico. São extraídas principalmente da Torá mas também incluem tradições e leis rabínicas. As regras estão relacionadas a quando e como as orações devem ser rezadas, como preparar a comida kosher, como as relações conjugais devem ser conduzidas e como os casais devem se divorciar. A palavra deriva do hebraico para "caminho" ou "forma de se conduzir".

hassídico Ramo da religião judaica fundado no século XVIII pelo rabino polonês Baal Shem Tov. Seus seguidores acreditam em uma interpretação rigorosa da lei judaica e rejeitam muitas coisas da vida moderna, que julgam uma dispersão em relação ao culto.

imã O líder dos que rezam em uma mesquita islâmica. Também é usado como termo geral respeitoso para se dirigir a líderes comunitários e mestres. Na tradição xiita, o termo também se refere aos doze líderes espirituais que descendem do profeta Maomé.

jihad Uma batalha ou guerra com finalidade espiritual. O termo é usado principalmente no sentido militar, como "guerra santa", pelos muçulmanos que lutam contra os não crentes, e ficou famoso com as ações de organizações como a Al-Qaeda. No entanto, refere-se também à luta interna do indivíduo para se elevar espiritualmente e ao objetivo de melhorar a sociedade como um todo.

kosher Comida preparada segundo os preceitos de dieta judaicos.

Mahdi Segundo alguns ramos do islamismo, um Mahdi é um messias que irá aparecer para redimir a humanidade antes do fim do mundo. Muitas pessoas alegaram ser o Mahdi, entre elas Sayyed 'Ali Mohammad, o fundador do babismo *(ver ao lado)*.

Messias O salvador dos judeus, cuja chegada é anunciada no Antigo Testamento. Para os cristãos, Jesus cumpriu as profecias e se tornou o Messias. Em geral, o termo é usado para indicar qualquer figura de salvador. Vem do hebreu *masiah*, que significa "o ungido".

nomocracia Sistema de governo baseado no primado da lei — alguns o têm descrito como abrangendo leis formuladas por líderes religiosos. Do grego *nomos* ("lei") e *kratia* ("governo").

rabino Mestre religioso e líder espiritual judeu.

teocracia Sistema de governo baseado nas leis religiosas. Os membros do clero costumam estar envolvidos na elaboração de leis, e às vezes também na sua efetiva aplicação. A maior parte das teocracias no Ocidente foi extinta durante o Iluminismo, com exceção do Vaticano. Nos tempos atuais, o Irã é talvez a principal teocracia moderna.

Torá Os primeiros cinco livros do Antigo Testamento — Gênesis, Êxodo, Levítico, Números e Deuteronômio —, que formam a parte mais importante da Bíblia hebraica. Segundo a tradição judaica, esses textos foram ditados a Moisés por Deus no monte Sinai em cerca de 1513 a.C. Contêm instruções sobre todos os aspectos da vida, expostos em 613 mandamentos (*mitzvot*), que formam a base da fé judaica. Os mais conhecidos são os chamados Dez Mandamentos. As outras partes das escrituras judaicas são Profetas (Nevi'im) e Escritos (Ketuvim).

xaria A codificação das regras e costumes que governam o modo de vida muçulmano. São derivados tanto do Corão quanto do Hadith e se aplicam à vida religiosa e secular. Entre os tópicos cobertos pela xaria estão: crime, política, finanças, relações conjugais, divórcio, orações, jejum e higiene pessoal.

JUDAÍSMO ORTODOXO

O judaísmo ortodoxo não é um movimento organizado, mas uma tendência de alguns grupos em resistir às mudanças introduzidas pelas facções modernizadoras na comunidade judaica. Nascido em meados do século XIX na Alemanha, caracteriza os judeus que se opõem ao judaísmo reformista e aderem à autoridade imutável da Torá (lei judaica) e da Halachá (interpretações dos preceitos legais contidos na sagrada escritura), expressa nos textos rabínicos do Talmude e do Midrash. Para os judeus ortodoxos, Deus é uno e independe do mundo, mas deu à humanidade a lei, que reflete a ordem cósmica por ele instaurada; portanto, ao seguir a lei judaica e adotar a Halachá, os judeus fazem parte dessa ordem. Embora resistam mais a fazer concessões do que os judeus reformistas e os conservadores, os ortodoxos com frequência aceitam se envolver no mundo moderno, sem deixar de considerar imutável a essência da lei e da tradição judaicas. Envolver-se com o mundo é visto como problemático por judeus hassídicos ou ultraortodoxos, que condenam qualquer desvio do judaísmo tradicional, conforme concebido por eles, e preservam um sentido de pureza e diferenciação, mantendo distância de não adeptos, usando roupa distinta e adotando regras rígidas em relação à alimentação.

CRENÇA
O judaísmo ortodoxo é moldado por uma resistência a adaptar a tradição judaica à era moderna; ele prioriza a preservação de uma identidade judaica pura.

PRÁTICA
A relação entre a ortodoxia judaica e o Estado de Israel é muito complexa. Os judeus ultraortodoxos do Neturei Karta, com sede em Jerusalém, defendem a desmontagem do Estado judaico alegando que Israel só pode ser estabelecida após a chegada do Messias prometido. O movimento Gush Emunin acredita ser obrigação religiosa dos judeus reclamar toda a terra que lhes foi prometida por Deus em Gênesis 15, enquanto a maior parte do movimento sionista atual continua marcadamente secular.

TEMA RELACIONADO
JUDAÍSMO REFORMISTA
p. 62

DADOS BIOGRÁFICOS
ISRAEL BEN ELIEZER
c. 1700-1760

MOSHEH SOFER
1762-1839

SAMSON RAPHAEL HIRSCH
1808-1888

CITAÇÃO
Mathew Guest

Embora reconheçam que é preciso interagir com o mundo moderno, os judeus ortodoxos resistem à mudança e veem a autoridade da Torá como absoluta.

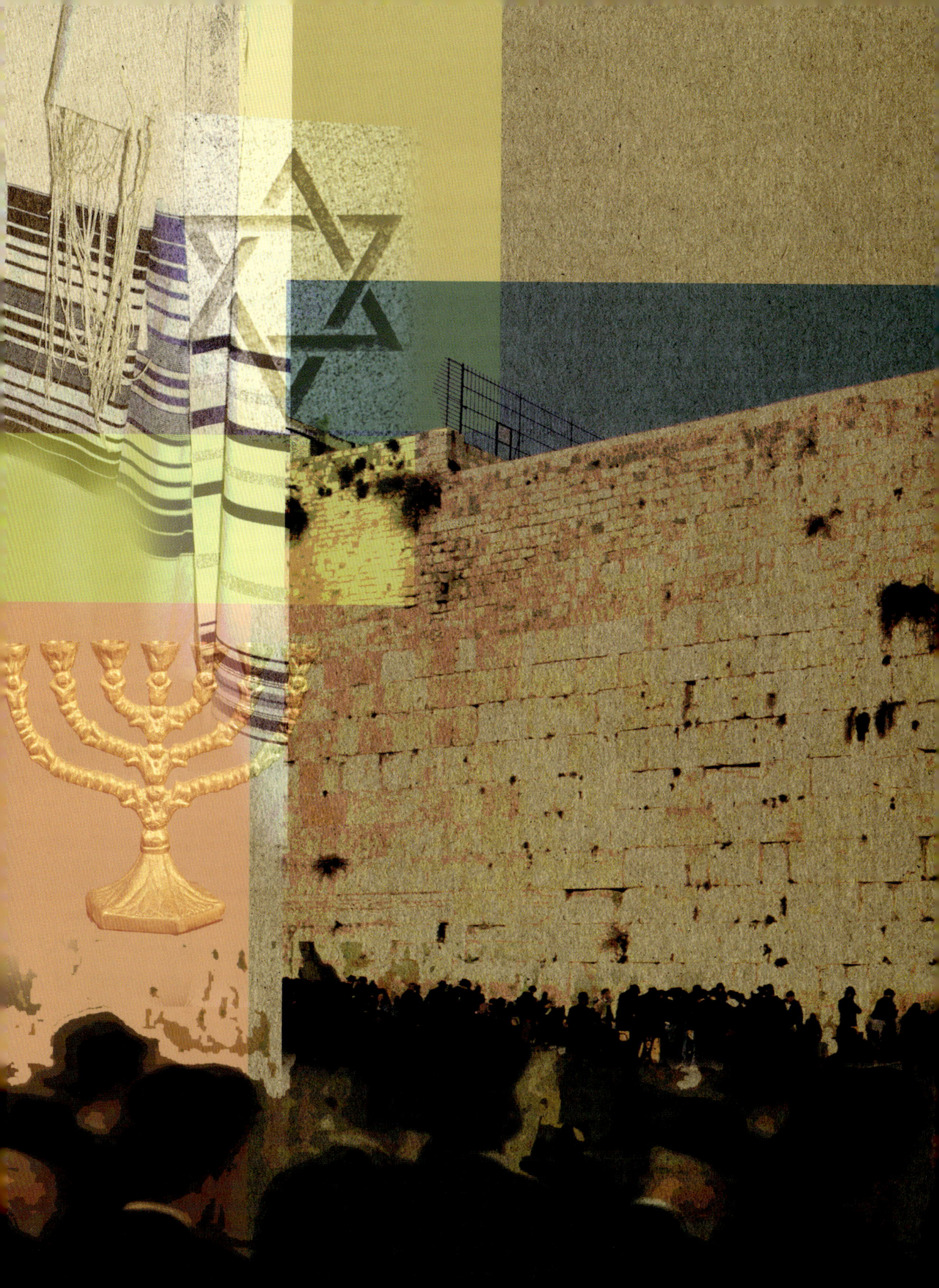

JUDAÍSMO REFORMISTA

O judaísmo reformista nasceu no século XVIII entre judeus europeus que queriam modernizar o judaísmo e adequá-lo aos novos tempos. Para alguns judeus reformistas, a prioridade não é a crença inquestionável em Deus, mas manter o judaísmo como identidade cultural. Alguns reformistas até se descrevem como agnósticos, ou dispostos a reduzir o judaísmo a um monoteísmo ético. Essa tendência radical mostrou-se mais flexível nos Estados Unidos, embora a dissidência do judaísmo conservador — que concilia elementos do judaísmo tradicional com a realidade da vida na América moderna — seja o ramo majoritário. A modernização assume várias formas, como aceitar casamentos com não judeus, que são bem-vindos à sinagoga junto com seus parceiros, e enfatizar a igualdade de gêneros e a liberdade de escolha. A lei judaica não é vista como verdade imutável, como no judaísmo ortodoxo, mas como uma tradição a ser usada como recurso adaptável. O judaísmo reformista vê o mundo moderno não como ameaça, mas como oportunidade de explorar modos inovadores de expressar a identidade judaica. Isso inclui o compromisso de trabalhar com grupos de outras fés, inclusive judeus ortodoxos e muçulmanos, promovendo o diálogo para alcançar o entendimento mútuo e uma convivência harmoniosa.

CRENÇA
O judaísmo reformista, um grande ramo da religião judaica, busca adaptar a tradição e a identidade judaica às normas cambiantes da vida moderna.

PRÁTICA
Se comparados aos judeus ortodoxos, os reformistas atribuem um papel mais limitado ao ritual religioso, tendência que pode ser atribuída ao desejo do movimento de abrir mão das práticas que enfatizam a separação dos judeus como grupo social, já que isso reforça sua imagem de comunidade de gueto. Assim, o judaísmo reformista visa à maior integração cultural como meio positivo de alcançar igualdade de cidadania com os não judeus.

TEMA RELACIONADO
JUDAÍSMO ORTODOXO
p. 60

DADOS BIOGRÁFICOS
MOSES MENDELSSOHN
1729-1786

SAMUEL HOLDHEIM
1806-1860

ABRAHAM GEIGER
1810-1874

I. M. WISE
1819-1900

CITAÇÃO
Mathew Guest

O judaísmo reformista trata tanto da cultura e da identidade judaicas como das práticas e crenças religiosas dos judeus.

לא תרצח	אנכי ד'
לא תנאף	לא יהיה
לא תגנב	לא תשא
לא תענה	זכור את
לא תחמד	כבד את

אשירנו הזעם כבד
בי בינה עפר יעקב ומספר
תבות נפשי במות ישרים ותהי
בלק אל בלעם כה יעשית
והנה ברכת ברך ויען
ים יהוה בפי אתו אישמר
לך נא אתי אל מקום
פס קצהו תראה וכלו לא
ויקחהו שדה צפים אל ר
עה מזבחת ופר וא
התיצב על עלתך
בלעם וישם
ת תדבר ויבא
כי ויאמר
א בעלו ויאמר
בני עפר לא אי
אביר ולא

A TORÁ

A fé judaica se baseia em um enorme corpo de literatura que abrange vários milênios. De fato, o Talmude babilônico, que explica e interpreta os ensinamentos da Bíblia Hebraica e foi reunido no século V d.C., tem cerca de 13 mil páginas. Depois há a própria Bíblia Hebraica, que é essencialmente a parte do Antigo Testamento da Bíblia Cristã e se divide em três partes: Lei (Torá), Profetas (Nevi'im) e Escritos (Ketuvim). No coração dessa rede de ensinamentos está o livro mais importante de todos: a Torá, ou os primeiros cinco livros do Antigo Testamento – Gênesis, Êxodo, Levítico, Números e Deuteronômio. Esses são os textos que, segundo a tradição judaica, foram ditados a Moisés por Deus no monte Sinai em cerca de 1513 a.C. Eles contêm instruções sobre todos os aspectos da vida — legais, éticos e espirituais — expostas em 613 mandamentos (*mitzvot*), que constituem a base da fé judaica. Os mais conhecidos são os chamados Dez Mandamentos.

Os exemplares da Torá são tratados com veneração. Os 304.805 caracteres do texto são escritos à mão sobre pergaminho por um escriba qualificado, em um processo que pode consumir até dois anos. Uma vez aprovado, o pergaminho é mantido em uma arca na parede da sinagoga, do lado que fica voltado para Jerusalém — e que a congregação, portanto, encara ao orar —, e envolvido por um tecido decorado. Durante as cerimônias, é tirado e colocado sobre uma estante (*bimah*) e lido usando um apontador de prata, para evitar ser desgastado no contato com a mão humana. Toda semana, uma passagem (ou *parshah*) diferente da Torá é lida em voz alta e, quando se conclui a leitura do último parágrafo do Deuteronômio, o ciclo recomeça com o primeiro parágrafo do Gênesis. Esse processo de leitura leva um ano. Quando o pergaminho fica desgastado demais, é enterrado num cemitério.

1513 a.C.
Moisés fala com Deus no monte Sinai (apócrifo)

900-450 a.C.
São escritas as principais partes da Bíblia Hebraica

c. 90-70 a.C.
O Conselho de Jâmnia define a Bíblia Hebraica (apócrifo)

1475
Primeira edição impressa da Torá

1851
Primeira tradução completa da Bíblia Hebraica para o inglês

1917
Primeira tradução da Sociedade de Publicações Judaicas

O texto da Torá é escrito à mão e pode levar até dois anos para ser concluído.

ISLAMISMO SUNITA

Sunna, em árabe, é "costume" ou "código de conduta", e os sunitas são os que seguem o código de conduta estabelecido por Maomé, o último profeta de Alá e fundador do islã, como complemento aos ensinamentos do Corão. Os sunitas definem-se em termos de conformidade prática com a lei islâmica, que a vasta comunidade islâmica aceita ser a autêntica prática do Profeta, tido como alguém que levou a vida perfeita. A suna está incorporada aos Hadith, ditos transmitidos pelos seguidores do Profeta e interpretados por juristas, que então o codificaram na xaria, o "modo de vida" que guia os muçulmanos em todos os aspectos do cotidiano. Não existe uma autoridade central no islamismo sunita, e seu ensinamento emerge de um complexo sistema de jurisprudência — cujo pioneiro foi al-Shafi'i, no século IX —, que estabelece a suna com base no Corão e no Hadith, junto com as ferramentas analíticas do consenso e da analogia. A ênfase sunita no texto e na lei reflete-se em suas tradições estéticas. A arte vista nas mesquitas é de natureza totalmente abstrata, sem imagens de coisas criadas que permitiriam uma dispersão da mente do indivíduo muçulmano da palavra divina. É por isso que a caligrafia tem uma tradição tão forte e tão desenvolvida nos locais de culto muçulmanos.

CRENÇA
Os muçulmanos sunitas, o grupo majoritário do islamismo, se definem por sua conformidade à tradição do profeta Maomé.

PRÁTICA
Ao longo da história sunita, tem sido concedido status especial aos *ulama* — intérpretes da palavra de Deus, versados em árabe clássico e especialistas em interpretação do Corão. Os *ulama* alcançaram posição influente nas nações islâmicas, exercendo com frequência o papel de contrabalançar o poder dos tribunais dinásticos. Esses arranjos têm sido chamados de "nomocracias" (do grego *nomos*, "lei"), porque se baseiam em governar de acordo com a lei de Deus, em vez de governar afirmando ser o representante de Deus ("teocracia").

TEMA RELACIONADO
ISLAMISMO XIITA
p. 68

DADOS BIOGRÁFICOS
AL-SHAFI'I
767-820

ABU AL HASAN AL ASH'ARI
873-935

CITAÇÃO
Mathew Guest

Os muçulmanos sunitas seguem com rigor o "modo de vida" prescrito na lei da xaria, que é por sua vez definida por juristas autorizados.

سورة البقرة
وإذ أخذنا ميثاقكم لا تسفكون دماءكم ولا تخرجون
أنفسكم من دياركم ثم أقررتم وأنتم تشهدون ۝
ثم أنتم هؤلاء تقتلون أنفسكم وتخرجون فريقا
منكم من ديارهم تظاهرون عليهم بالإثم والعدوان وإن
يأتوكم أسارى تفادوهم وهو محرم عليكم
إخراجهم أفتؤمنون ببعض الكتاب وتكفرون ببعض
فما جزاء من يفعل ذلك منكم إلا خزي في الحيوة الدنيا
ويوم القيامة يردون إلى أشد العذاب وما الله بغافل
عما تعملون ۝ أولئك الذين اشتروا الحيوة الدنيا
بالآخرة فلا يخفف عنهم العذاب ولا هم ينصرون ۝
ولقد آتينا موسى الكتاب وقفينا من بعده بالرسل
وآتينا عيسى ابن مريم البينات وأيدناه بروح القدس
أفكلما جاءكم رسول بما لا تهوى أنفسكم استكبرتم
ففريقا كذبتم وفريقا تقتلون ۝ وقالوا قلوبنا
غلف بل لعنهم الله بكفرهم فقليلا ما يؤمنون ۝

ISLAMISMO XIITA

O nome "xiita" vem do árabe

shi'at 'Ali, que significa "partido de Ali". Ali era primo do profeta Maomé e marido da filha deste, Fátima. Os seguidores de Ali e de seus descendentes acreditavam estar seguindo os descendentes do próprio Profeta, que seriam por direito os líderes da comunidade muçulmana. Os xiitas creem em Alá e nos ensinamentos do Corão, mas sua facção tem uma teologia própria, opondo-se à visão da maioria sunita de que o ensinamento ortodoxo foi estipulado por meio de consenso entre juristas autorizados; ao contrário, acreditam num infalível imã ("líder" ou "guia") como única fonte da doutrina religiosa, e que a cada geração posterior à do próprio Ali aparece apenas um imã. Para a maioria dos xiitas, a linhagem dos imãs terminou quando o 12º imã, Muhammad al-Muntazar, desapareceu de modo misterioso em 878. Os atuais líderes xiitas, em geral chamados de aiatolás, são vistos como interinos que aguardam o retorno do 12º imã, às vezes também chamado de al-Mahdi, uma figura messiânica que triunfará sobre o mal e governará o mundo no fim dos tempos. Um traço distintivo da vida ritual do islamismo xiita é o registro da data em que o filho de Ali, Husayn, foi martirizado pelos omíadas em 680. Seu túmulo, em Karbala, Iraque, ainda é um dos locais sagrados para os xiitas, além de Meca e Medina.

CRENÇA
Os xiitas são o maior ramo minoritário do islamismo, e seus devotos atuais se concentram na região do golfo Pérsico; divergem dos sunitas em sua visão da autoridade e da liderança.

PRÁTICA
A partir do século X, a teologia xiita assumiu um caráter racionalista. Na visão xiita, a confiança dos sunitas em mestres eruditos resultou em meras conjeturas, problema que eles superaram com sua deferência a um imã. No entanto, depois de 878, os xiitas ficaram sem um imã neste mundo. A escola de teologia Mu'tazili trouxe a solução: apenas a "razão" provê uma fonte autorizada de ensinamento, mais fiel que a "tradição" e em sintonia com o imã, cujos ensinamentos são inevitavelmente expressão das leis da razão.

TEMA RELACIONADO
ISLAMISMO SUNITA
p. 66

DADOS BIOGRÁFICOS
ALI
c. 601-661

MUHAMMAD AL-MUNTAZAR
869-878

GRANDE AIATOLÁ RUHOLLAH KHOMEINI
1900-1989

CITAÇÃO
Mathew Guest

O islamismo xiita dá maior importância à linhagem de sangue do Profeta, em especial de Ali, que, assim como os sucessivos imãs, era considerado infalível.

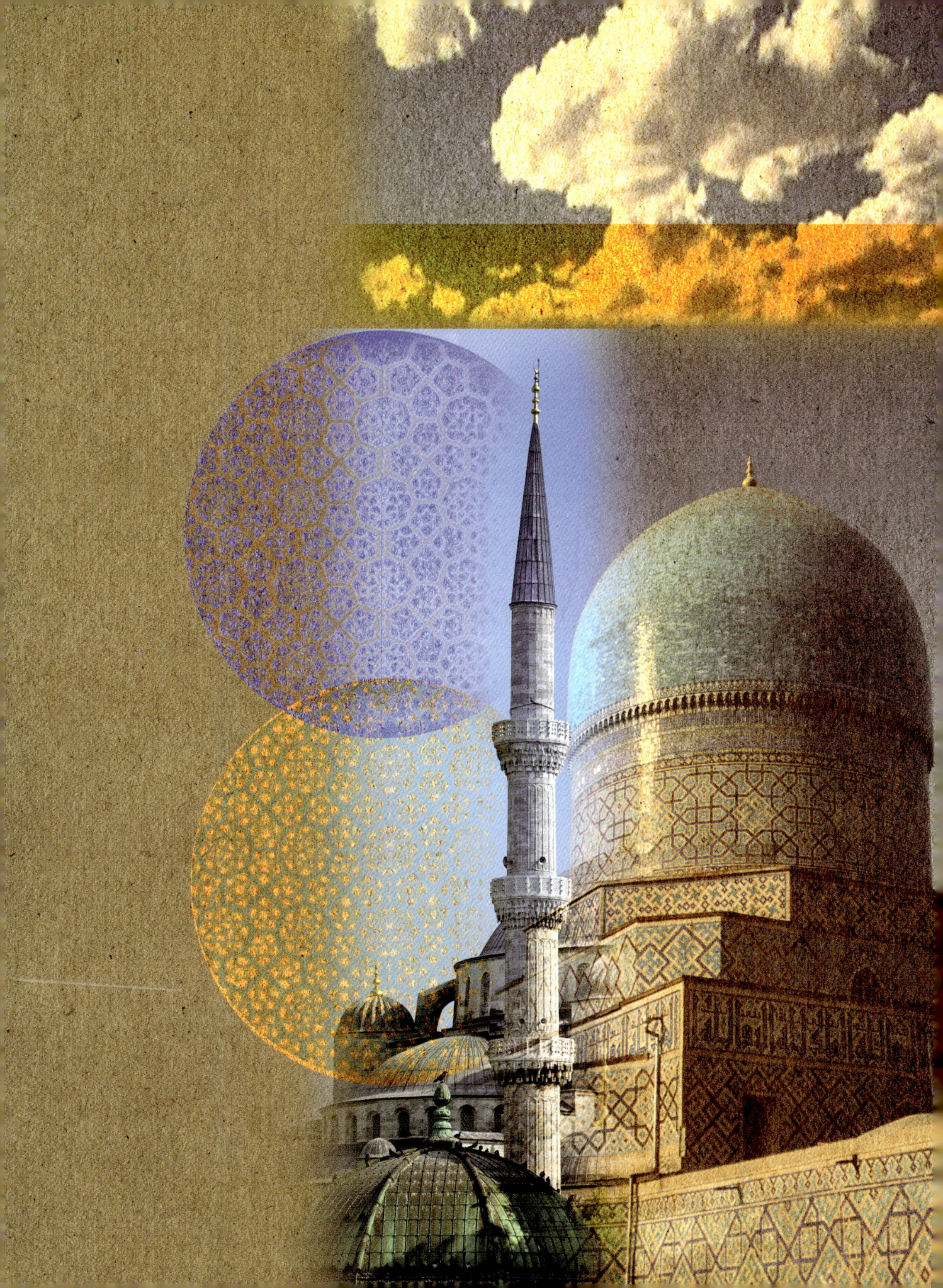

القرآن الكريم

O CORÃO

Para os muçulmanos, o Corão é muito mais

que um livro. É nada menos do que a Palavra de Deus, pura e sem adulterações. Por isso, os muçulmanos rigorosos lavam as mãos antes de abrir a "Mãe dos Livros" e cuidam dos seus exemplares com extremo zelo. Quando as páginas ficam muito desgastadas, não são jogadas fora, mas colocadas num riacho para serem lavadas, ou enterradas em local remoto. Jogar fora um exemplar do Corão ou mesmo reciclá-lo é visto como uma blasfêmia.

Segundo a crença muçulmana, o arcanjo Gabriel revelou o Corão ao profeta Maomé ao longo de um período de 23 anos, de 610 d.C. até sua morte em 632 d.C. No entanto, não foi o próprio Maomé que redigiu o texto, ele apenas ia relatando o que lhe era dito. Nesse sentido, o livro difere da Bíblia, que é geralmente aceita como um relato humano (e, portanto, falível) de eventos históricos.

Portanto, o Corão nunca foi passado para o papel durante o tempo de vida de Maomé. Foi memorizado por milhares de seus seguidores, com fragmentos dele escritos em folhas de palmeira, pedras planas e até mesmo em ossos. Após a morte de Maomé, o primeiro califa, Abu Bakr, fez uma coletânea de todos os versos e montou um livro, que confiou à viúva de Maomé, Hafsa. No entanto, em poucos anos já apareciam variações regionais do texto, por isso o terceiro califa, Utman, reimprimiu os exemplares do livro de Hafsa e mandou queimar todos os demais. Essa chamada "revisão utmânica" forma a base do livro atual.

A autenticidade do texto é importante para os muçulmanos, que memorizam os versos e os utilizam nas preces. Alguns indivíduos excepcionais, conhecidos como *hafiz*, guardam de cor o texto todo — 114 capítulos e 6.236 versos que, quando traduzidos para o inglês, por exemplo, somam cerca de 78 mil palavras.

A primeira página do Sagrado Corão, cujos exemplares são tratados com extremo cuidado e respeito.

610
O texto é revelado a Maomé

632
Morte de Maomé

c. 650
O califa Utman publica uma versão padronizada

c. 1143
Primeira tradução não árabe (para o latim)

1649
Primeira tradução para o inglês

1935
O Egito publica uma versão padronizada

SUFISMO

Originalmente influenciados pelos ascetas da tradição cristã oriental, os sufis enfatizaram a importância de renunciar às coisas deste mundo, numa celebração da pobreza e da pureza interior. Ao contrário, porém, do que ocorria na vida monástica cristã, os sufis não se justificavam em termos da necessidade de mortificar a carne, mas de uma liberação do espírito humano, como meio de alcançar maior intimidade com Deus. Os sufis têm sido controversos na história do islã, entre outras coisas porque sua ênfase na "vida interior" é interpretada como uma rejeição em observar aspectos exteriores codificados na lei da xaria e nas práticas rituais como a prece diária.

O teólogo persa do século XI Al-Ghazali é renomado em parte por ter procurado um "caminho do meio" entre a piedosa teologia da xaria e a experiência devocional de Deus afirmada pelo sufismo. Enquanto a corrente principal do islamismo ortodoxo tende a não ver com bons olhos o uso da música no culto, os sufis têm longa tradição de uso da música e da dança com propósitos devocionais. Talvez o melhor exemplo disso sejam os chamados "dervixes rodopiantes" da ordem Mevlevi da Turquia — hoje conhecida mais como atração turística —, cuja dança imita a revolução dos planetas em torno do Sol.

CRENÇA
Ramo místico do islamismo, o sufismo busca conhecer Deus por meio de uma série de estados ou experiências interiores.

PRÁTICA
Alguns sufis entendem sua conexão com o divino como uma verdadeira união com Deus. As afirmações do místico do século IX Abu Yazid al-Bistami muitas vezes mostram uma passagem da voz da terceira para a primeira pessoa — Abu Yazid passa a se dirigir ao leitor como se ele mesmo fosse Deus. Embora o Corão retrate Maomé usando esse mesmo recurso, a sugestão de que a experiência mística leva a uma identificação com o divino permaneceu controversa, em especial entre os *ulama* ("legisladores") da ortodoxia islâmica.

TEMAS RELACIONADOS
ISLAMISMO SUNITA
p. 66
ISLAMISMO XIITA
p. 68

DADOS BIOGRÁFICOS
MANSUR AL-HALLAJ
c. 858-922
AL-GHAZALI
1058-1111

CITAÇÃO
Mathew Guest

Com frequência considerado o ramo místico do islamismo, o sufismo adota o ascetismo como um meio de chegar mais perto de Deus.

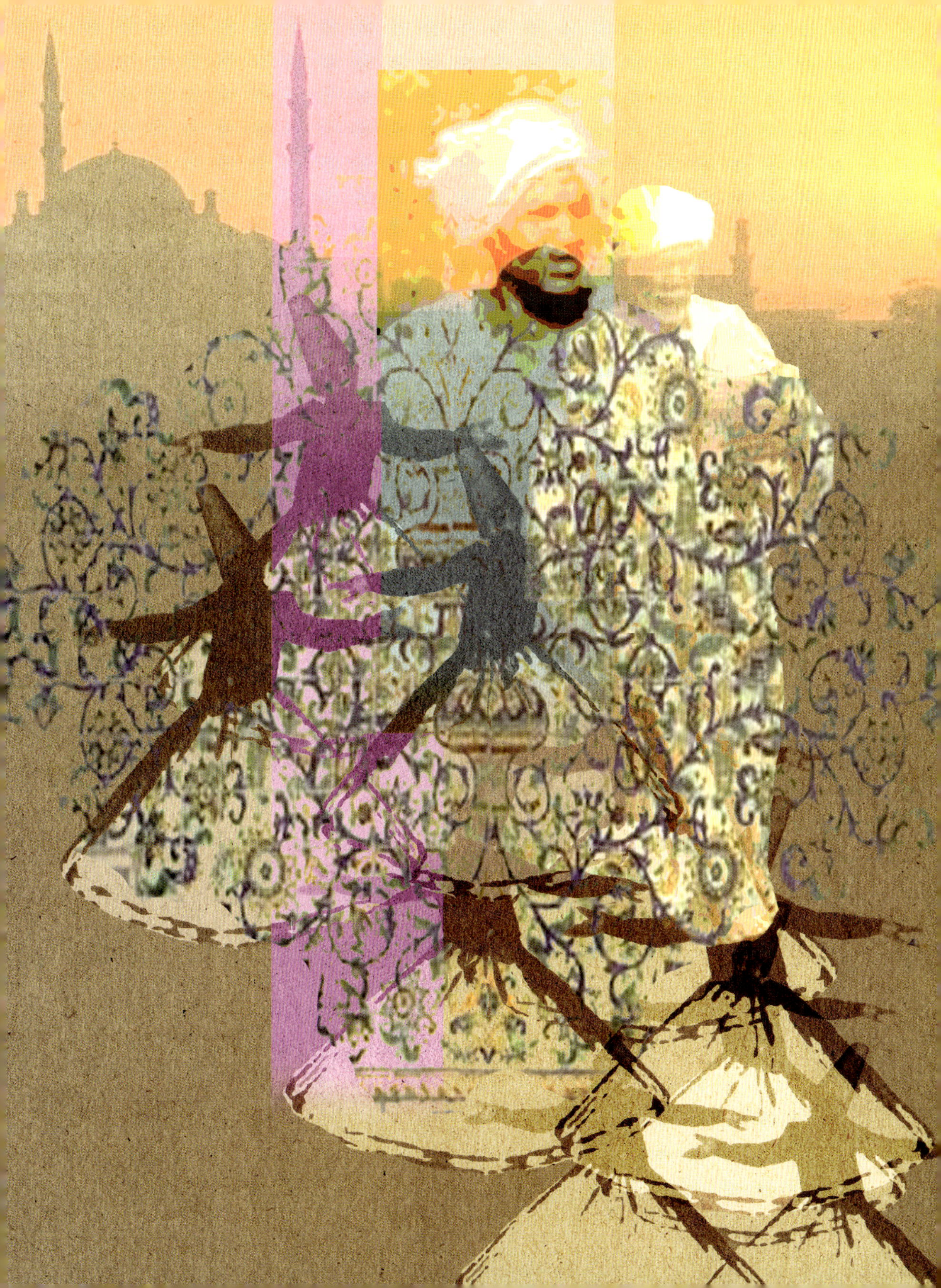

AHMADIYYA

O movimento Ahmadiyya foi

fundado na Índia em 1889 por Mirza Ghulam Ahmad, que dizia ser o Messias prometido, ou o Mahdi, para a comunidade islâmica. Em várias ocasiões, Ahmad proclamou também ser o Mujaddid, ou "renovador" do islã, um avatar do deus hindu Krishna, Jesus de volta à Terra e a manifestação do profeta Maomé. Mesmo mantendo coerentemente que a meta central é revitalizar o islamismo, os ahmadistas costumam ser vistos com reserva pelos muçulmanos ortodoxos. Embora Ahmad sustentasse ser subordinado a Maomé, sua afirmação de que vinha com uma nova revelação do ensinamento de Deus, que traria o islã de volta ao seu estado adequado, não se harmonizou bem com o princípio básico islâmico de que Maomé é o "selo" dos profetas. Isso levou o Ahmadiyya a ser perseguido em alguns países muçulmanos, como o Paquistão, onde foi declarado "minoria não muçulmana". Os ahmadistas reservam lugar de honra para o ensinamento de Ahmad junto com o Corão, e isso inclui um chamado para o fim das guerras religiosas e a instituição da paz e da justiça social. Assim como os adeptos do bahaísmo, os ahmadistas reconhecem os ensinamentos de outros fundadores de religiões, como Zoroastro, Buda e Confúcio, mas Ahmad ensinou que estes convergem em um só e verdadeiro islã.

CRENÇA
O Ahmadiyya é um movimento revivalista dentro do islã, que rompe com a ortodoxia ao aceitar os ensinamentos de um líder messiânico.

PRÁTICA
O movimento Ahmadiyya tem um intenso programa global missionário que busca promover o islamismo por meios pacíficos, em especial a divulgação da literatura e da tradução do Corão para diversas línguas. Nesse sentido, o movimento enfatiza a interpretação da *jihad* como, em princípio, uma luta contra os próprios desejos básicos. Pelo ensinamento de Ahmad, o conceito de *jihad* violenta (guerra santa) é visto como desnecessário nos tempos modernos — e a resposta certa para o ódio é o amor e a bondade.

DADOS BIOGRÁFICOS
MIRZA GHULAM AHMAD
1835-1908

MAULANA HAKEEM NOOR-UD-DIN
1841-1914

MUHAMMAD ABDUS SALAM
1926-1996

CITAÇÃO
Mathew Guest

Evitados pelos muçulmanos ortodoxos, os membros do Ahmadiyya apoiam o autoproclamado Messias e o profeta Mirza Ghulam Ahmad.

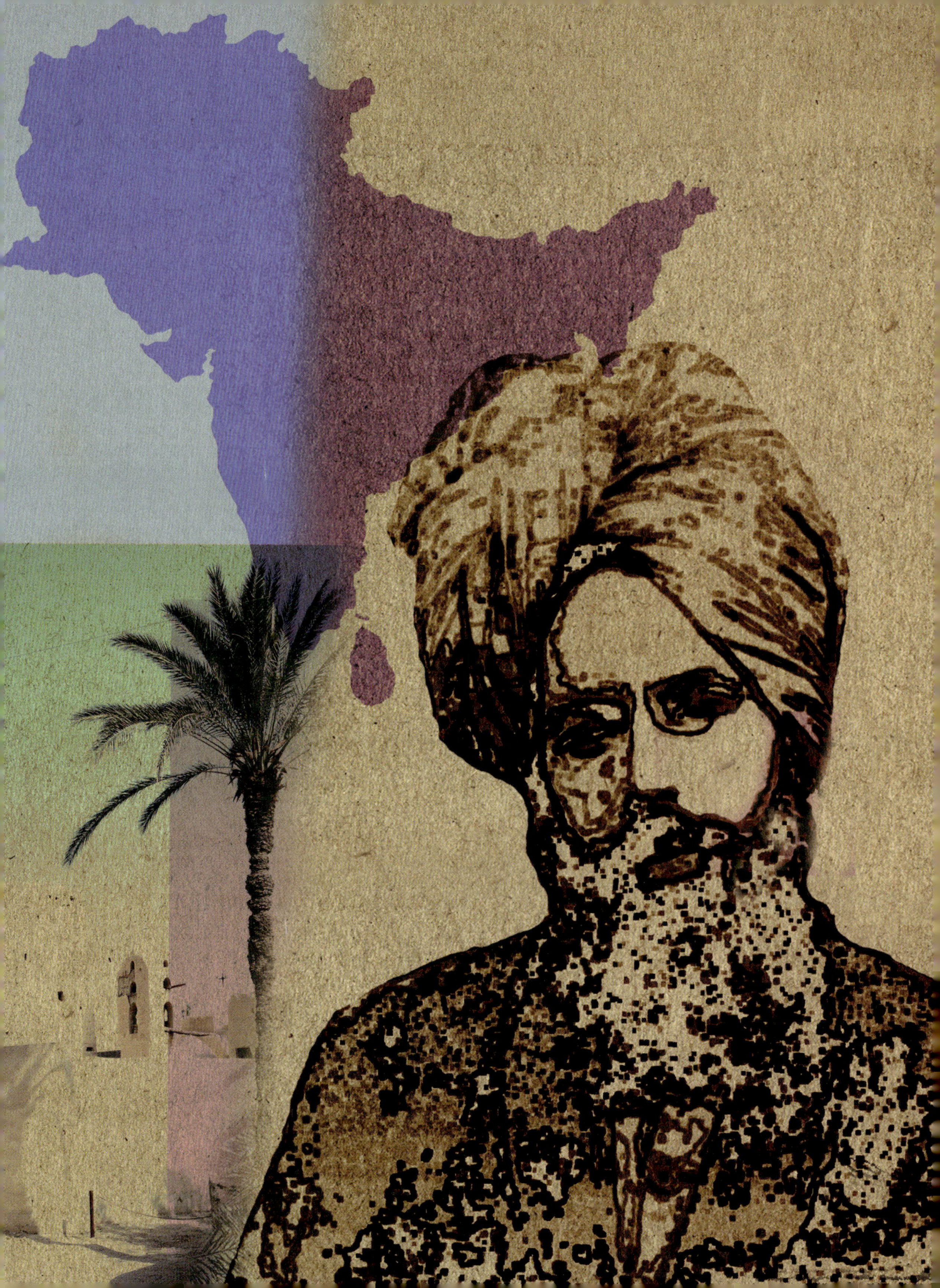

BAHAÍSMO

O bahaísmo teve origem no Irã

na década de 1860 como um movimento dentro do babismo, por sua vez uma seita do islamismo xiita. Seu fundador, Bahá'u'lláh, acreditava ser um profeta com novas revelações, proveniente de uma longa linha sucessória de profetas, entre eles Abraão e Jesus. Em princípio restrita ao Oriente Médio, a fé bahaísta expandiu-se para os Estados Unidos em 1894 e constatou que a diversidade religiosa daquele país era adequada às suas ambições de se separar de vez do islamismo xiita — e proclamar-se uma nova fé mundial, sucessora e culminante de todas as religiões mundiais. Os bahaístas se distinguem por permanecerem comprometidos com sua missão global (especialmente nos países em desenvolvimento) e também pela defesa de valores radicalmente inclusivos, como a unidade da humanidade, a educação universal, a harmonia entre religião e ciência, a monogamia e a igualdade entre os sexos. O movimento existe sem uma hierarquia ou sacerdócio rigorosos, apesar de ter uma estrutura administrativa racionalizada e de considerar Bahá'u'lláh e seus escritos como manifestações da divindade. Os bahaístas se reúnem em bases locais para orar, ler textos sagrados e fazer refeições e atividades comunitárias, organizadas por assembleias locais eleitas.

CRENÇA
Um aspecto central do bahaísmo é a crença na unidade essencial de todas as religiões, com ênfase em celebrar a humanidade e buscar a paz mundial.

PRÁTICA
Embora tendo raízes teológicas firmes no islamismo xiita iraniano do século XIX, a fé bahaísta foi moldada mais radicalmente nos últimos cem anos por seus contatos com a cultura ocidental. Em sua expansão no Ocidente, desenvolveu ideais de unidade global que se coadunam com valores associados a organizações transnacionais, como a ONU. No entanto, a visão bahaísta da unidade não se baseia na democracia como tal, mas no que a religião considera princípios universais de moralidade.

TEMA RELACIONADO
ISLAMISMO XIITA
p. 68

DADOS BIOGRÁFICOS
BAHÁ'U'LLÁH
1817-1892

'ABD AL-BAHA
1844-1921

SHOGHI EFFENDI
1897-1957

CITAÇÃO
Mathew Guest

Expandindo-se de sua origem no islamismo xiita, o bahaísmo coloca-se em defesa da unidade religiosa, da paz mundial e da igualdade entre os sexos.

هياكل

CRISTIANISMOS NA EUROPA

CRISTIANISMOS NA EUROPA
GLOSSÁRIO

Árvore do Conhecimento Uma árvore no Jardim do Éden da qual Adão e Eva foram proibidos de comer o fruto. Seu fracasso em obedecer à ordem de Deus constitui, segundo a crença cristã, o pecado original da humanidade.

Assunção A elevação do corpo de Maria para os céus após sua morte, também conhecida como Dormição (cair no sono). Celebrada pelos católicos por centenas de anos com a festa da Assunção, em 15 de agosto, só passou a fazer parte do dogma católico por obra do papa Pio XII, em 1950.

eleitos Segundo o calvinismo, aqueles escolhidos por Deus para a salvação.

Eucaristia Cerimônia cristã que celebra a ceia que Cristo compartilhou com seus discípulos antes de sua crucificação. É uma reencenação da Última Ceia, com vinho (ou suco de uva) e pão. Embora todos os cristãos celebrem a Eucaristia, eles diferem na interpretação que dão a ela: os católicos acreditam que o pão e o vinho são o verdadeiro corpo e sangue de Cristo, enquanto os protestantes fazem uma leitura menos literal.

Evangelho Os primeiros livros do Novo Testamento, com os nomes dos seguidores de Jesus: Mateus, Marcos, Lucas e João, considerados seus autores. O Evangelho também indica a mensagem de Jesus, ou "boa nova" da salvação (a palavra vem do grego *evangelion*, que significa "boa notícia").

evangélico Pertencente a uma forma de cristianismo que busca voltar aos princípios básicos do Novo Testamento, descartando interpretações posteriores. O movimento teve início com os ensinamentos de Martinho Lutero, João Calvino e Ulrico Zuínglio, no século XVI, mas desde então foi adotado por muitas outras igrejas fundamentalistas.

excomungado Excluído de uma igreja ou comunidade religiosa.

Grande Cisma Divisão do cristianismo entre a Igreja Católica Romana e a Igreja Ortodoxa em 1054. A separação, também conhecida como Grande Cisma do Oriente, teve várias razões, entre elas a recusa dos católicos falantes do grego em reconhecer Roma como primeira autoridade de sua fé. Havia também discordância quanto à formação do Espírito Santo e quanto ao pão da comunhão, se deveria ser levedado ou não.

ícones Estátuas ou pinturas de figuras sagradas, como os santos cristãos, veneradas em certas religiões.

Imaculada Conceição A ideia de que Maria, mãe de Cristo, foi concebida sem pecado. É diferente do nascimento virginal, que sugere que Maria deu à luz Cristo mantendo-se mesmo assim virgem.

indulgência O perdão de um pecado e a remissão da punição. Na Idade Média, as indulgências eram concedidas pela Igreja Católica como recompensa por bons feitos e por comportamento devoto. No entanto, passou-se a abusar cada vez mais do sistema, com "perdoadores" profissionais levantando fundos para a Igreja (e para si mesmos) por meio da venda de indulgências.

predestinação Teoria segundo a qual Deus decidiu o resultado de todas as coisas até o infinito, inclusive quem será salvo. Os calvinistas estendem a ideia e acreditam na "dupla predestinação", afirmando que Deus já predeterminou quem será salvo e quem será enviado para a condenação eterna por seus pecados.

Primeiro Grande Despertar Revivescência da fé religiosa ocorrida nas Américas em meados do século XVIII. O movimento foi inspirado por poderosos sermões evangélicos de pregadores carismáticos, que apelavam para a culpa pessoal dos fiéis. Com início na Pensilvânia e em Nova Jersey, nos Estados Unidos, espalhou-se pelas Américas por obra de missionários. O Segundo Grande Despertar foi um movimento similar ocorrido no início do século XIX.

Queda, A Na mitologia cristã, momento em que a humanidade perdeu sua inocência e cometeu o primeiro pecado. Apesar de terem sido avisados por Deus para não comerem o fruto da Árvore do Conhecimento, Adão e Eva não resistem à tentação e por isso ficam envergonhados com sua nudez e são expulsos do Paraíso.

Reforma Movimento do século XVI na Europa que tentou reconstruir a Igreja Católica a fim de livrá-la de práticas corrompidas, como a venda de indulgências. Começou com a publicação por Martinho Lutero das Noventa e Cinco Teses, em 1517, e levou à dissolução de mosteiros na Inglaterra e à criação das igrejas protestantes.

sacramento Cerimônia religiosa destinada a conceder uma bênção àqueles que dela tomam parte. A Igreja Protestante reconhece dois sacramentos, Batismo e Sagrada Comunhão, enquanto a Católica tem sete: Batismo, Confirmação, Confissão, Matrimônio, Ordenação, Sagrada Comunhão e Extrema-Unção.

CATOLICISMO

A Igreja Católica Romana é a maior organização religiosa unificada do mundo — mais da metade dos cristãos do planeta é católica. O chefe da Igreja é o bispo de Roma (conhecido como papa, do termo grego informal *pappas*, "pai"), que reivindica uma sucessão contínua desde São Pedro, o primeiro bispo de Roma, designado líder dos seguidores de Jesus. A Igreja Católica considera seu principal propósito proclamar a boa nova (Evangelho) de Jesus Cristo, isto é, que Deus salvou o mundo de seu estado de pecado ao encarnar no homem Jesus de Nazaré. Para os católicos, a própria Igreja é a continuidade da presença de Jesus na terra, assegurando que a obra de salvação de Deus será mantida até a profetizada volta de Jesus. Os sacramentos são fundamentais para a obra da Igreja Católica, entendidos como sinais visíveis da graça de Deus confiada à Igreja. O principal sacramento é a Eucaristia, segundo a qual se acredita que o pão e o vinho são transformados no corpo e no sangue de Jesus. Os católicos creem que após a morte a alma de cada pessoa é julgada: os bons se unem a Deus no Céu; os maus são separados de Deus e vão para o Inferno; o resto passa no Purgatório por um estágio temporário de limpeza, antes de ser admitido no Céu.

CRENÇA
O catolicismo é a maior denominação cristã, comandada pelo papa e com a missão de espalhar a boa nova (Evangelho) de Jesus Cristo, ministrar os sacramentos e exercitar a caridade.

PRÁTICA
Para os católicos, a mãe de Jesus, Maria, é uma figura de veneração popular muito difundida. Os católicos acreditam que Maria foi concebida sem pecado ("Imaculada Conceição"), que ela mesma concebeu Jesus milagrosamente por meio do Espírito Santo ("nascimento virginal") e que no final de sua vida terrena foi levada aos céus de corpo e alma ("Assunção"). Muitos santuários católicos estão associados a aparições milagrosas de Maria, como os de Guadalupe, Fátima e Lourdes.

TEMAS RELACIONADOS
TRADIÇÕES ABRAÂMICAS
pp. 56-77
CRISTIANISMOS NA EUROPA
pp. 78-97
CRISTIANISMOS PELO MUNDO
pp. 98-115

DADOS BIOGRÁFICOS
JESUS
c. 5 a.C.-c. 30 d.C.

SÃO PEDRO
c. 1 a.C.-67 d.C.

SÃO TOMÁS DE AQUINO
1225-1274

CITAÇÃO
Russell Re Manning

Maria tem papel muito mais importante no catolicismo do que em qualquer outra igreja cristã — a imagem da Virgem e do Menino é muito difundida.

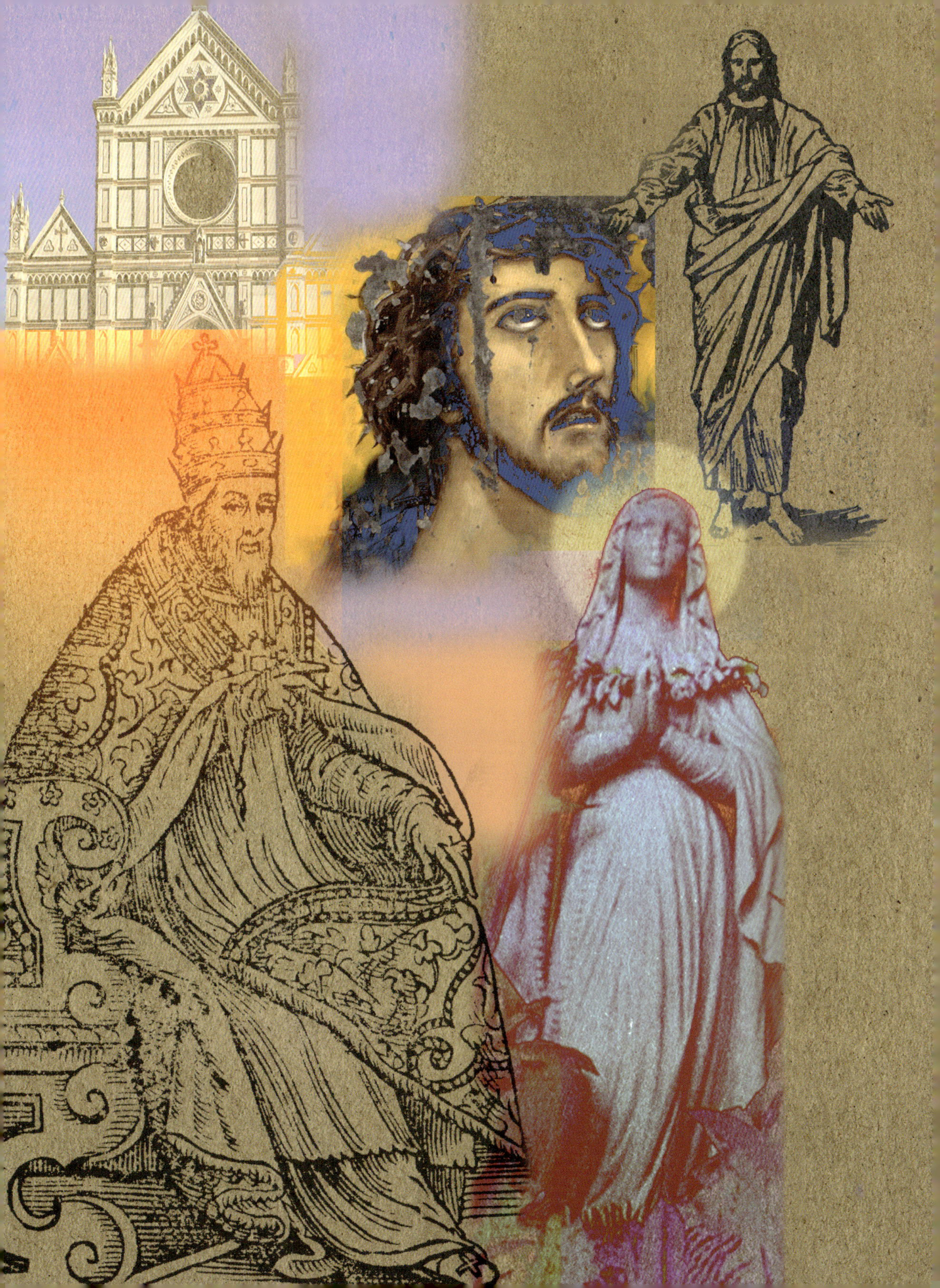

IGREJA ORTODOXA

A Igreja Ortodoxa do Oriente

é um grupo de pelo menos catorze Igrejas autônomas, unidas teologicamente mas sem uma estrutura institucional central. Os ortodoxos acreditam que sua Igreja tem um vínculo ininterrupto com a primeira Igreja fundada por São Paulo e que é a expressão original da doutrina cristã, da forma como se desenvolveu no Mediterrâneo oriental. Ligada ao Império Bizantino, a Igreja Ortodoxa separou-se da Católica Romana por razões doutrinárias e políticas; oficialmente, o Grande Cisma (1054) deveu-se a discordâncias teológicas acerca da doutrina do Espírito Santo (a chamada Cláusula Filioque), mas na prática foi ditada por diferenças políticas entre Constantinopla e Roma. Os cristãos ortodoxos veem a vida religiosa como uma forma de *theosis* (literalmente, "tornar-se divino", em grego), na qual o crente é espiritualmente transformado por um processo de identificação mística com Jesus Cristo. Oração e contemplação dos mistérios da fé são centrais nessa forma de vida, da qual o monaquismo é o exemplo ideal. A Igreja Ortodoxa do Oriente vê a Ressurreição de Jesus dos mortos após três dias como o mistério central do cristianismo, o que dá a esperança na vitória final de Deus por meio de Jesus, representado com frequência na figura do Cristo Pantocrátor (literalmente, "Todo-Poderoso").

CRENÇA
Comunhão de Igrejas cristãs autogovernadas da Europa Oriental e do leste do Mediterrâneo que se caracterizam por práticas de transformação espiritual e pelo uso abundante de ícones.

PRÁTICA
Os ícones (*eikona*) são essenciais no culto da Igreja Ortodoxa. Essas imagens altamente estilizadas de Jesus, Maria e dos santos são muito presentes nas igrejas, em particular no grande biombo (iconóstase) que separa a nave do santuário, e nas casas dos fiéis. Os cristãos ortodoxos não cultuam ícones, mas os veneram como imagens do arquétipo que representam, assim como o próprio Cristo é considerado a encarnação visível do Deus invisível.

TEMAS RELACIONADOS
TRADIÇÕES ABRAÂMICAS
pp. 56-77
CRISTIANISMOS NA EUROPA
pp. 78-97
CRISTIANISMOS PELO MUNDO
pp. 98-115

DADOS BIOGRÁFICOS
JESUS
c.5 a.C.-c. 30 d.C.
FÓCIO I
c. 810-c. 893
GREGÓRIO PALAMAS
1296-1359
MARCOS DE ÉFESO
1392-1444

CITAÇÃO
Russell Re Manning

A Igreja Ortodoxa vê o Espírito Santo como procedente apenas do Pai, e não também do Filho — a Cláusula Filioque, que separou Oriente e Ocidente.

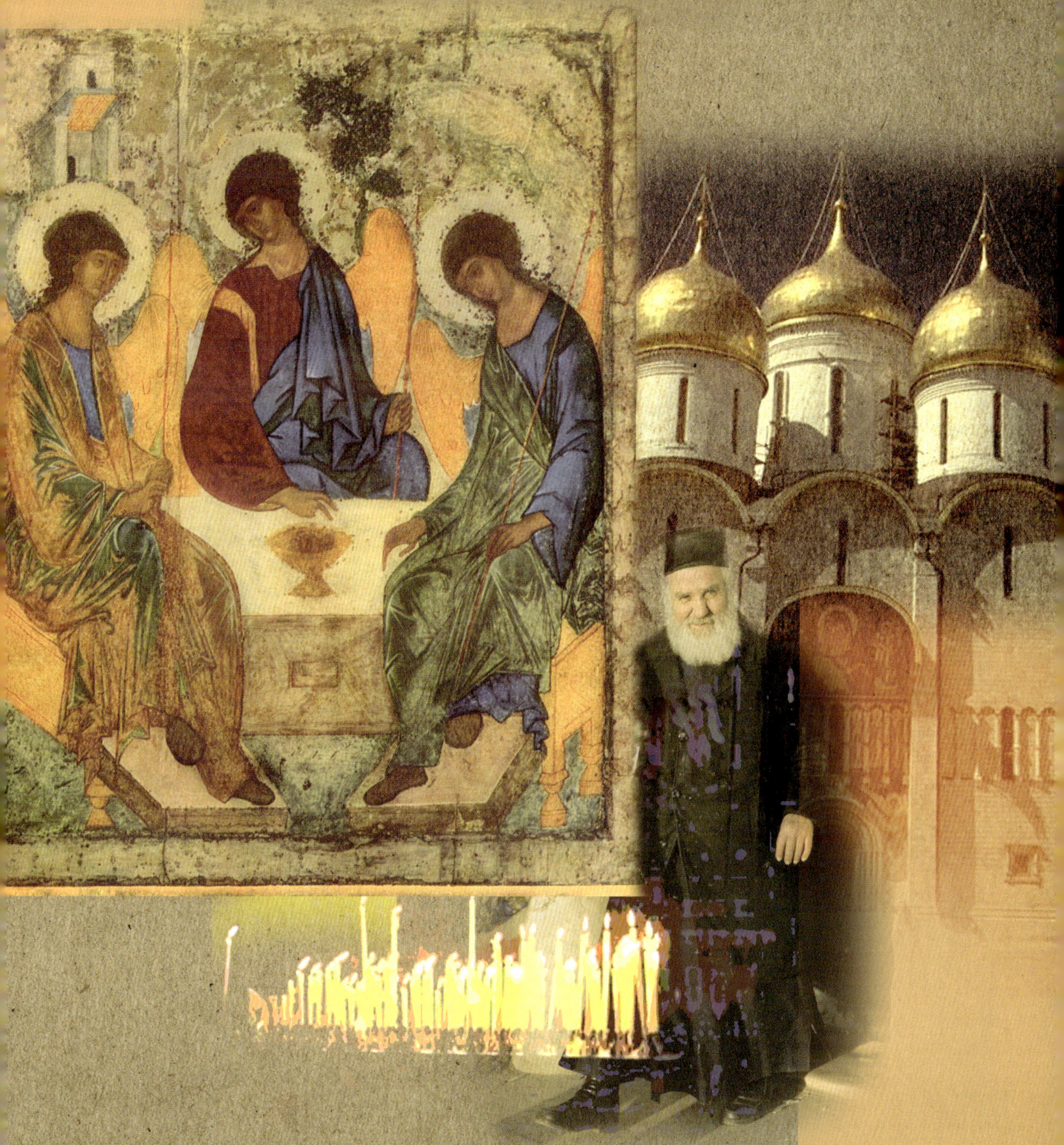

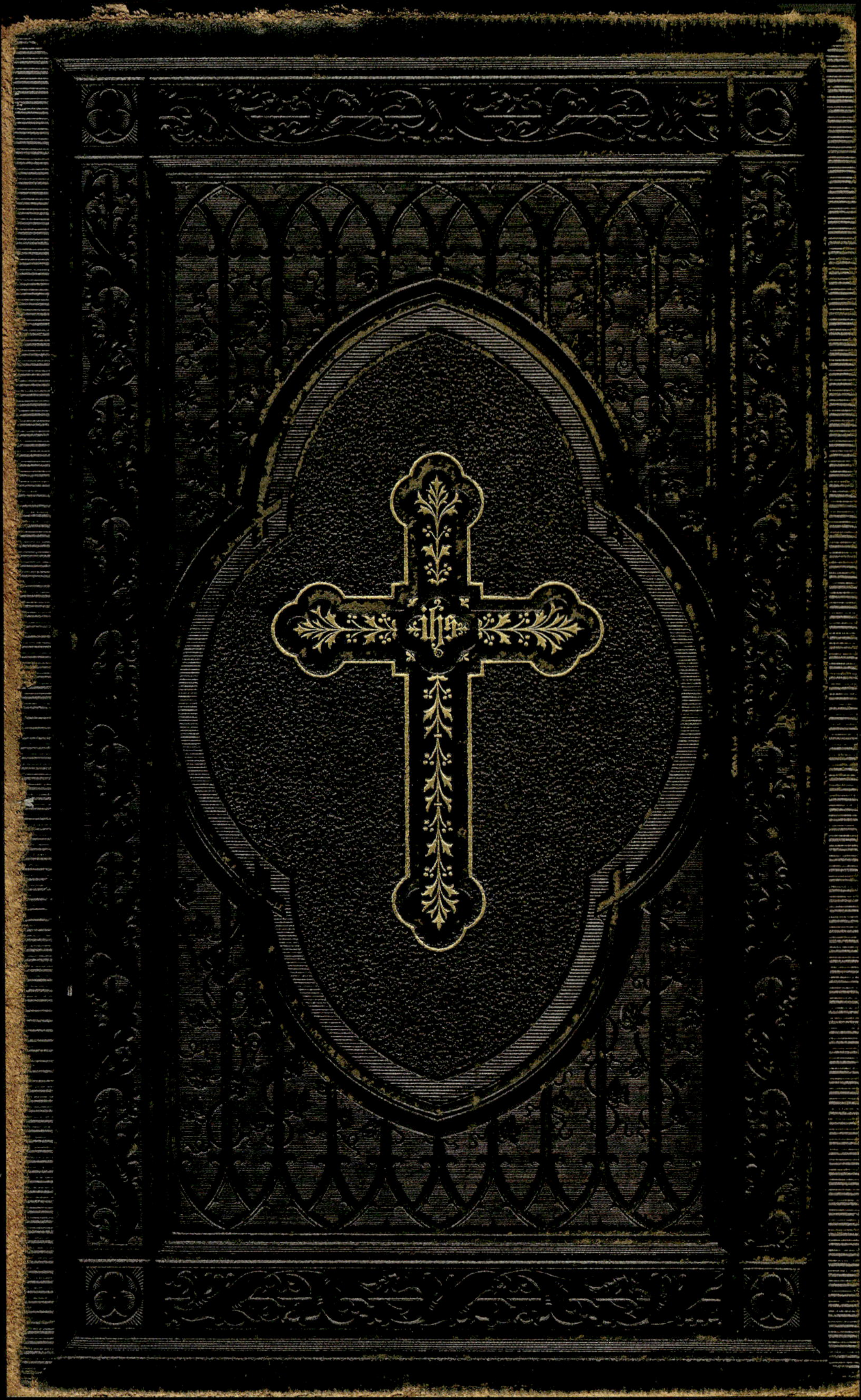
ihs

A BÍBLIA

"Maior best-seller de todos os tempos", a Bíblia já vendeu entre 2,5 bilhões e 6 bilhões de exemplares, a depender da fonte. No entanto, o livro sagrado dos cristãos é uma improvável mescla de textos escritos por quarenta autores em três línguas diferentes num período de 1.500 anos. Além disso, são várias as versões disponíveis da obra.

Quanto à estrutura, a Bíblia tem duas partes. A primeira, o Antigo Testamento, escrito entre 1200 e 165 a.C., é composta por 39 livros e cobre a história do mundo desde a sua criação (Gênesis) até pouco antes do nascimento de Jesus Cristo. É de longe a parte mais longa das duas. O Novo Testamento, escrito no primeiro século d.C., é composto por 27 livros que descrevem a vida de Jesus e as origens do cristianismo. Há os evangelhos de Mateus, Marcos, Lucas e João, seguidos por um relato dos primeiros trinta anos do cristianismo (Atos) escrito por Lucas, por 21 cartas pastorais (ou epístolas) escritas por Paulo e outros e, finalmente, pela visão reveladora do Apocalipse.

Embora redigidos por pessoas diferentes e para públicos diversos, os quatro evangelhos (do grego *evangelion*, "boa notícia") convergem quanto aos principais eventos da vida de Jesus. Mateus e João conheceram Jesus, enquanto Marcos e Lucas eram próximos dos apóstolos, e todos

---

c. 450 a.C.
É criada a Bíblia Hebraica (Tanakh)

c. 250 a.C.
A Bíblia Hebraica é traduzida para o grego

c. 200 d.C.
Tradução latina do Novo Testamento

1456
Bíblia de Gutenberg, primeira edição impressa

1534
Bíblia de Lutero, primeira tradução completa para o alemão

LUTERANISMO

Em 1517, Martinho Lutero, um padre e teólogo de Wittenberg, Alemanha, protestou contra a prática da Igreja Católica de vender "indulgências" que prometiam aos fiéis a remissão dos pecados em troca de doações financeiras. Lutero afirmou que só Deus poderia garantir o perdão pelos pecados. Em um contexto de insatisfação geral com a Igreja estabelecida – e com o auxílio da recém-inventada imprensa –, as ideias de Lutero se espalharam rapidamente, o que levou às revoltas religiosas e políticas da Reforma Protestante. O conceito de Lutero de justificação pela graça por meio apenas da fé condena todas as tentativas humanas de obter o favor de Deus, e com isso a graça, como obras sacrílegas do pecado; em vez disso, os luteranos confiam na iniciativa de Deus em Jesus Cristo como único meio de salvação. Lutero extraiu essa doutrina de um estudo profundo da Bíblia, que ele traduziu do latim para o alemão e que os luteranos sustentam como norma para todo pensamento e prática religiosa subsequente. Os luteranos enfatizam a importância da fé pessoal do indivíduo crente, e alguns de seus seguidores, conhecidos como "pietistas" (da palavra "piedade"), enfatizam os elementos emocionais e subjetivos da crença. Embora o culto luterano mantenha como central a Eucaristia, é dado um papel importante às Escrituras e também à participação inclusiva, especialmente ao canto comunitário.

CRENÇA
Ramo do protestantismo cristão inspirado pelas teses do reformador Martinho Lutero, com base na ideia da justificação da graça apenas pela fé.

PRÁTICA
Lutero reagiu ao que viu como o "culto" dos santos do catolicismo romano e afirmava que os cristãos deveriam ter como único mediador apenas o Cristo. Como resultado, os luteranos não veneram os santos como intercessores, mas como exemplos de pura fé e misericórdia divina. De modo similar, muitos luteranos rezam à Virgem Maria para que Deus faça o que pedem por meio dela, mas insistem em afirmar que a obra é apenas de Deus.

TEMAS RELACIONADOS
TRADIÇÕES ABRAÂMICAS
pp. 56-77
CRISTIANISMOS NA EUROPA
pp. 78-97
CRISTIANISMOS PELO MUNDO
pp. 98-115

DADOS BIOGRÁFICOS
JESUS
c. 5 a.C.-c. 30 d.C.

MARTINHO LUTERO
1483-1546

CITAÇÃO
Russell Re Manning

As Noventa e Cinco Teses que Lutero afixou na igreja de Wittenberg condenando as indulgências marcam, segundo a visão geral, o início da Reforma.

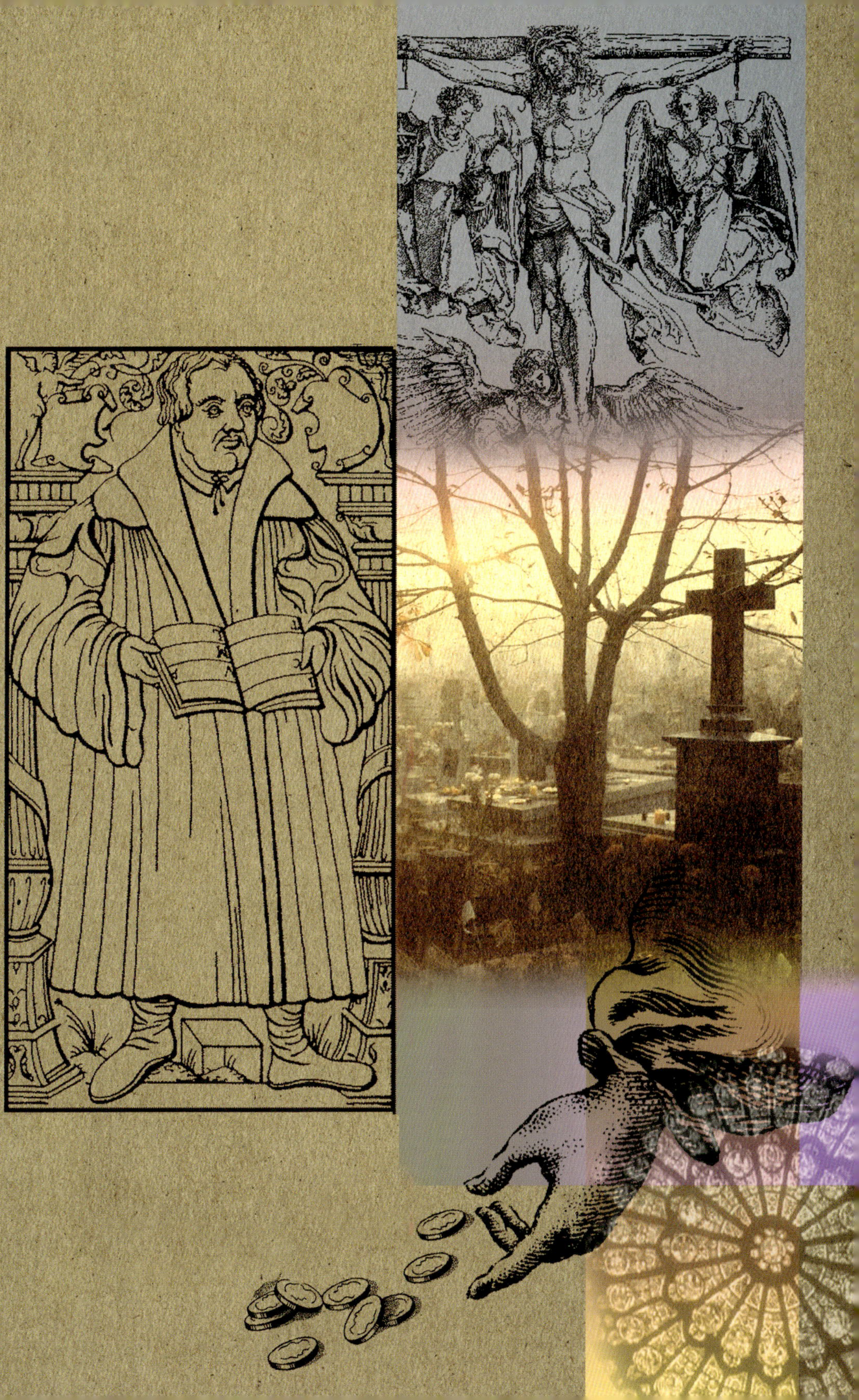

CALVINISMO

João Calvino era um pensador

protestante que aprimorou a "reforma" do cristianismo iniciada por Martinho Lutero. Hoje, mais de 75 milhões de cristãos "reformados" seguem os princípios de seu sistema teológico. O calvinismo prega a absoluta soberania de Deus e a total depravação (pecado original) da humanidade. Em decorrência da Queda (quando Adão e Eva descumpriram a ordem dada por Deus de não comer o fruto da Árvore do Conhecimento), todas as pessoas estão escravizadas ao pecado e, portanto, só podem ser morais com auxílio externo. Para os calvinistas, Deus estaria justificado em condenar a humanidade inteira, mas é misericordioso com alguns. Os calvinistas acreditam que esses eleitos são salvos pela espontânea e irresistível graça de Deus, e não por alguma virtude ou qualidade que possuam. Apenas os eleitos são salvos e preservados para sempre em comunhão com Deus por meio apenas da graça deste; os demais são condenados. O calvinismo sustenta que somente as práticas instituídas no Novo Testamento têm lugar no culto cristão ("o princípio regulador") e rejeita todas as imagens visuais nas igrejas, substituindo-as por textos, como os Dez Mandamentos, embora recentemente hinos e "canções de louvor" tenham se tornado mais comuns.

CRENÇA
Os "Cinco Pontos" do calvinismo são a crença na total depravação da humanidade, a eleição incondicional, a expiação limitada, a irresistível graça e a preservação dos santos.

PRÁTICA
A predestinação é a crença calvinista de que Deus escolhe livremente salvar algumas pessoas, deixando as demais sofrendo (merecidamente) a condenação eterna por seus pecados. Alguns calvinistas creem que Deus decidiu quem iria ser salvo antes do evento da Queda (o chamado "supralapsarianismo"); outros, que a decisão de Deus se deu após a Queda ("infralapsarianismo"), pois a salvação logicamente requer algo de que se precise ser salvo. A "dupla predestinação" é a visão de que Deus elege tanto quem irá salvar quanto quem irá para a condenação eterna.

TEMAS RELACIONADOS
TRADIÇÕES ABRAÂMICAS
pp. 56-77
CRISTIANISMOS NA EUROPA
pp. 78-97
CRISTIANISMOS PELO MUNDO
pp. 98-115

DADOS BIOGRÁFICOS
JESUS
c.5 a.C.-c. 30 d.C.

JOÃO CALVINO
1509-1564

CITAÇÃO
Russell Re Manning

Para os calvinistas, o domínio de Deus é absoluto, e os eleitos só poderão ser salvos por meio de sua graça e misericórdia.

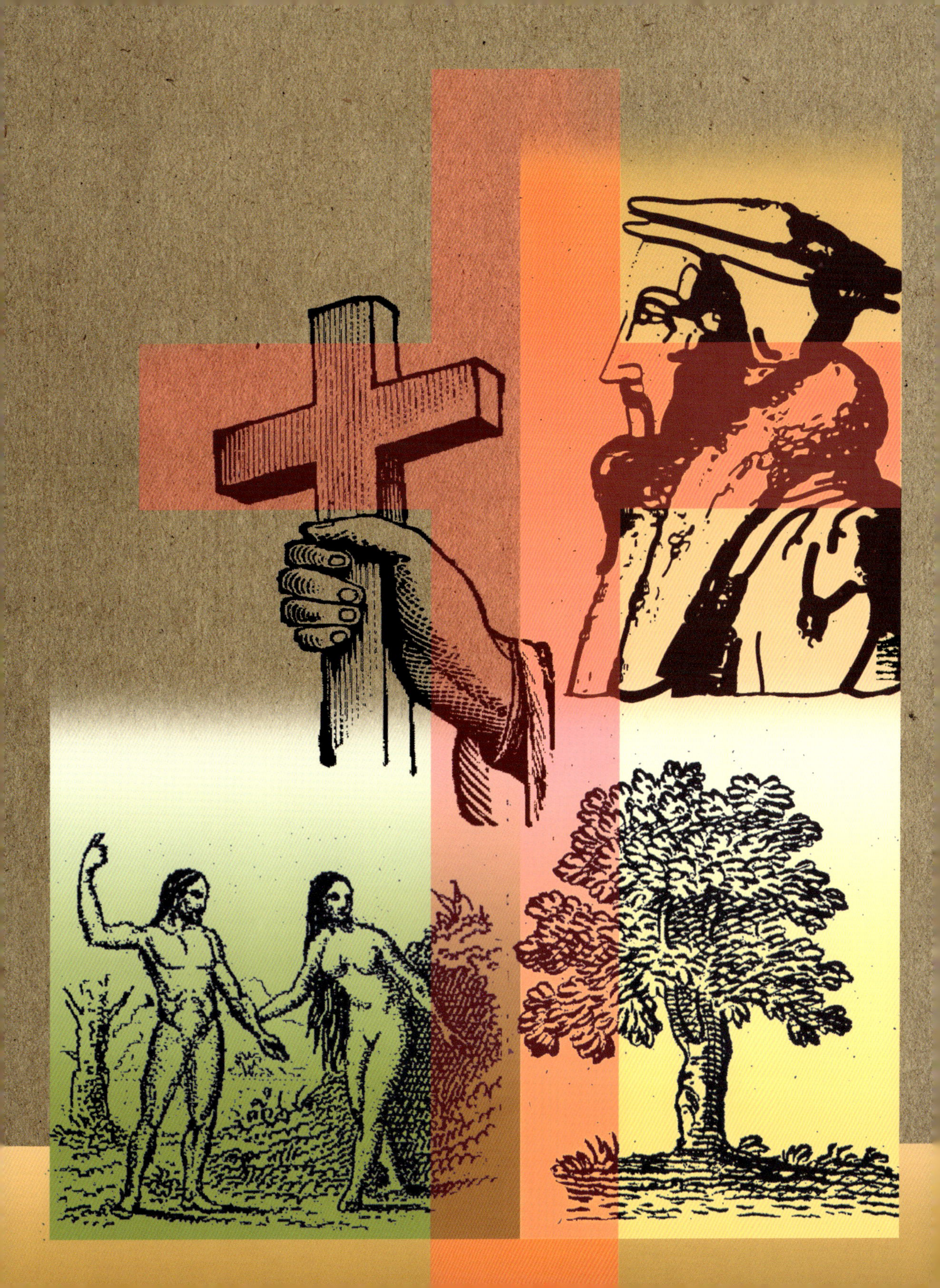

ANGLICANISMO (EPISCOPALISMO)

CRENÇA
As crenças religiosas em uma reunião global de igrejas, cuja história remonta à da Igreja da Inglaterra, posterior à Reforma.

PRÁTICA
Como em muitas igrejas cristãs, o status das mulheres na Comunhão Anglicana é controverso. A maioria das províncias anglicanas ordena mulheres como sacerdotes e algumas permitem a ordenação de mulheres como bispas. Para muitos, a questão é de igualdade perante Deus; para outros, a ambiguidade da visão bíblica é crucial – por exemplo, Gálatas 3:24 afirma que o gênero é superado no cristianismo, enquanto a Epístola 1 a Timóteo subordina as mulheres aos homens e requer que permaneçam caladas durante o culto.

Em 1521, o rei Henrique VIII da Inglaterra recebeu o título de "Defensor da Fé" (*fidei defensor*) do papa Leão X por seu panfleto acusando Martinho Lutero de heresia. Treze anos mais tarde, uma lei do Parlamento inglês declarou o excomungado Henrique "o único e supremo chefe na terra da Igreja da Inglaterra". Essa incomum origem histórica da Igreja da Inglaterra — parte renovação religiosa, parte história de amor real, parte *Realpolitik* — define as características do anglicanismo como tradição protestante cristã. A Comunhão Anglicana ampla abrange 44 províncias, incluindo a Igreja Episcopal dos Estados Unidos, sob a liderança do arcebispo de Canterbury — conhecido como *primus inter pares*, ou primeiro entre iguais. Dentro da Comunhão Anglicana há um leque muito grande de crenças e práticas. Para os anglicanos "evangélicos", o ponto central é a ênfase reformada na Bíblia; para os "anglo--católicos", o foco está mais na liturgia religiosa e na continuidade da Igreja Anglicana com suas origens pré-Reforma. O relato de Richard Hooker do chamado "banquinho de três pernas" das crenças anglicanas — derivadas basicamente das Escrituras, moldadas pela razão e apoiadas na tradição — tem sido uma declaração influente da natureza da autoridade anglicana.

TEMAS RELACIONADOS
JUDAÍSMO ORTODOXO
p. 60
CRISTIANISMOS NA EUROPA
pp. 78-97
CRISTIANISMOS PELO MUNDO
pp. 98-115

DADOS BIOGRÁFICOS
JESUS
c. 5 a.C.-c. 30 d.C.
HENRIQUE VIII
1491-1547
RICHARD HOOKER
1554-1600
ROWAN WILLIAMS
1950-

CITAÇÃO
Russell Re Manning

As 44 igrejas-membros regionais e nacionais da Comunhão Anglicana afirmam sua crença por meio do Pacto da Comunhão Anglicana.

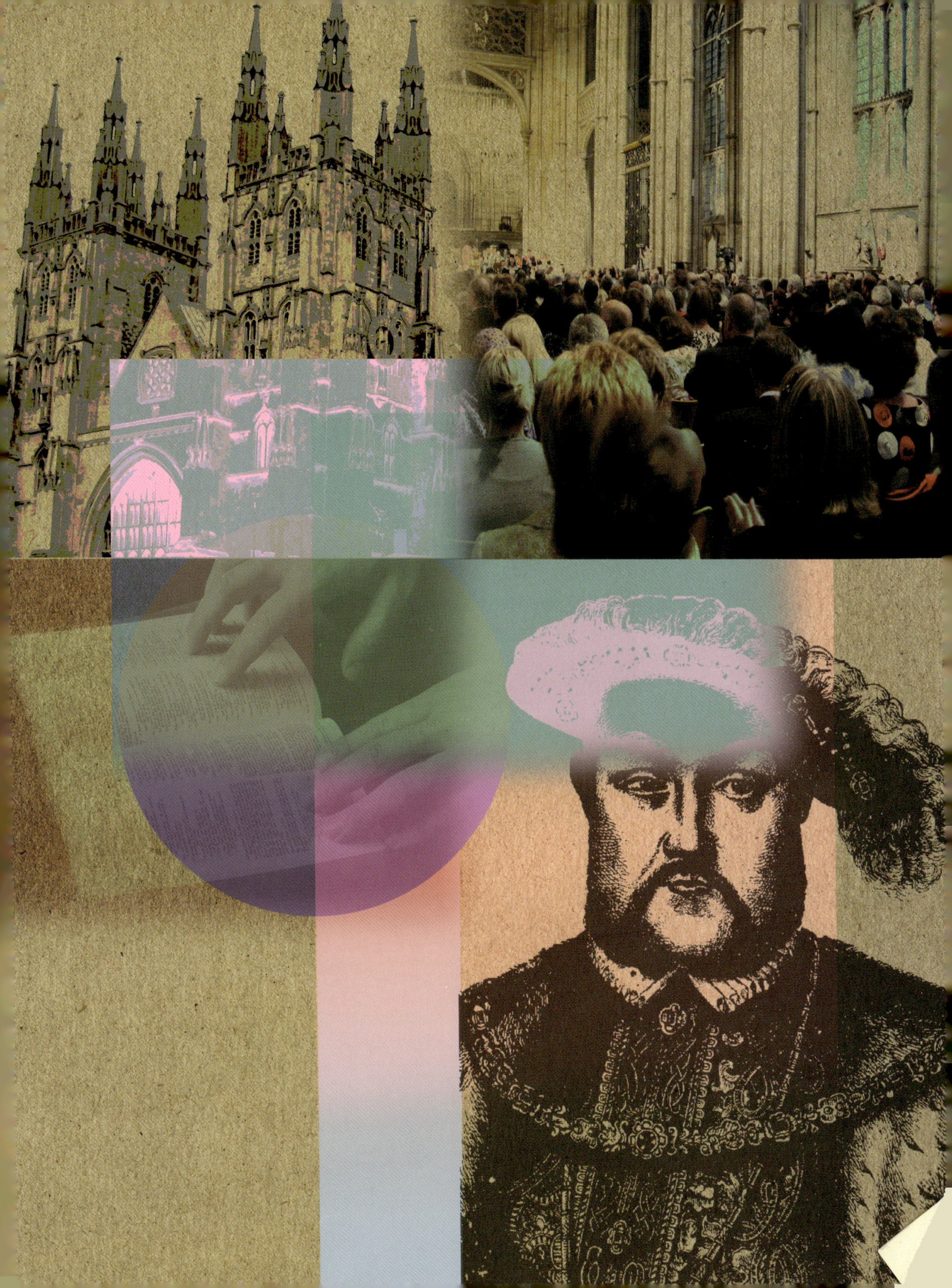

METODISMO

Os metodistas foram assim

denominados devido aos hábitos altamente metódicos de um grupo de estudantes que se reuniu em Oxford, Inglaterra, na década de 1730, com o propósito de aprimoramento mútuo. Entre as suas disciplinas estavam a comunhão e o jejum regulares e a abstinência de diversões e luxúria, assim como frequentes missões em favor dos pobres. O metodismo desenvolveu-se a partir dos ensinamentos do pastor anglicano John Wesley e de seu irmão mais novo, Charles, e se caracteriza pela ênfase na importância da transformação espiritual do indivíduo por meio do estudo aprofundado das Escrituras cristãs e de ações práticas para promover o bem-estar social e a justiça. Os metodistas destacaram-se por suas campanhas antiescravagistas e com frequência promoveram o movimento da temperança, esforçando-se para divulgar sua mensagem além-mar por meio de extensiva atividade missionária. O interesse por questões sociais se reflete na prática de pregar do lado de fora das igrejas, levando o Evangelho até os "sem-igreja", em mercados e prisões. As igrejas metodistas costumam realizar todo ano uma Missa do Pacto no primeiro domingo do ano, quando os fiéis reafirmam sua total confiança em Deus e sua disposição de se dedicar ao Seu serviço.

CRENÇA
Movimento revivalista do anglicanismo, dá ênfase à necessidade de piedade pessoal e de boas obras do indivíduo em retribuição à graça recebida de Deus.

PRÁTICA
Os metodistas foram importantes no chamado Primeiro Grande Despertar da América, nas décadas de 1730 e 1740. Esse movimento religioso revivalista teve forte efeito no futuro das crenças religiosas nas Américas, incentivando um ceticismo em relação às tradições rituais e religiosas estabelecidas e colocando ênfase na fé pessoal e nas boas obras do indivíduo. Os sermões inspirados do famoso pregador itinerante metodista George Whitefield atraíram multidões e resultaram em conversões em massa.

TEMAS RELACIONADOS
JUDAÍSMO ORTODOXO
p. 60
CRISTIANISMOS NA EUROPA
pp. 78-97
CRISTIANISMOS PELO MUNDO
pp. 98-115

DADOS BIOGRÁFICOS
JESUS
c. 5 a.C.-c. 30 d.C.
JOHN WESLEY
1703-1791
CHARLES WESLEY
1707-1788

CITAÇÃO
Russell Re Manning

Moralidade e bem-estar social são pontos centrais da prática metodista. O fundador do metodismo, John Wesley, lutou contra a escravidão e contra o consumo de bebidas alcoólicas.

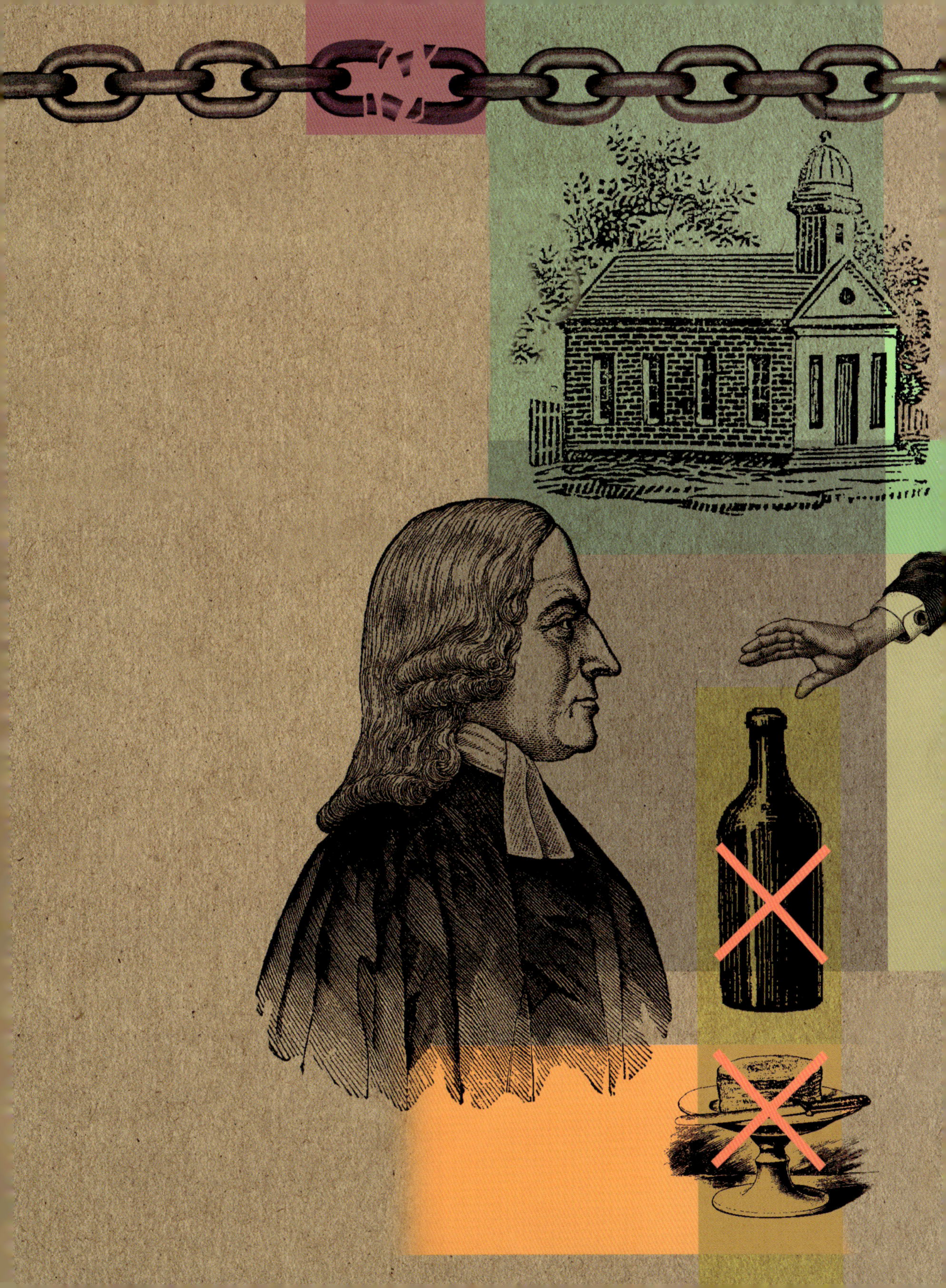

SOCIEDADE DOS AMIGOS (QUAKERS)

Em 1650, o dissidente cristão George Fox, julgado por blasfêmia, exortou o juiz a "tremer diante da palavra do Senhor". O juiz declarou Fox culpado, mandou-o à prisão e zombou dele chamando-o de "quaker" ("tremedor"), nome que logo foi adotado por grupos de cristãos revivalistas não conformistas — também conhecidos como "Filhos da Luz", "Amigos da Verdade" ou "Sociedade dos Amigos". Os quakers acreditam que a experiência direta de Deus por meio de Cristo é acessível a todos — sem a intervenção do clero — e que por meio da "luz interior" Deus está sempre presente nas pessoas, todas as pessoas, sem a mediação de sacramentos religiosos. Como resultado, embora a maioria dos quakers promova missas regularmente, elas são conhecidas como encontros e costumam ser "não programadas", sem um líder designado ou uma estrutura predeterminada. Às vezes os fiéis se revezam para falar quando se sentem conduzidos pelo Espírito Santo, mas com frequência a reunião toda transcorre em silêncio, porque os fiéis se juntam apenas para aguardar "expectantemente" na presença de Deus e de seus companheiros. É importante para a maioria dos quakers dar "testemunho" de sua fé nas ações diárias, que objetivam incorporar os valores de paz, igualdade, simplicidade e verdade.

CRENÇA
Movimento dissidente cristão que rejeita a hierarquia e as instituições religiosas em favor de uma experiência imediata de Deus.

PRÁTICA
Os quakers comprometem-se a promover a paz e opõem-se fortemente a toda forma de violência e conflito armado. Derivam seu pacifismo da instrução de Jesus de "amar seu inimigo" e da sua crença na luz interior de Deus. Fazem objeção de consciência ao alistamento militar e muitos se recusam a pagar a parte dos impostos destinada ao armamento. Em 1947, a Sociedade dos Amigos ganhou o Prêmio Nobel da Paz.

TEMAS RELACIONADOS
JUDAÍSMO ORTODOXO
p. 60
CRISTIANISMOS NA EUROPA
pp. 78-97
CRISTIANISMOS PELO MUNDO
pp. 98-115

DADOS BIOGRÁFICOS
JESUS
c. 5 a.C.-c. 30 d.C.

GEORGE FOX
1624-1691

CITAÇÃO
Russell Re Manning

Os quakers acreditam que a luz interior de Deus existe em todo homem e em toda mulher; portanto, todos devem ser considerados iguais.

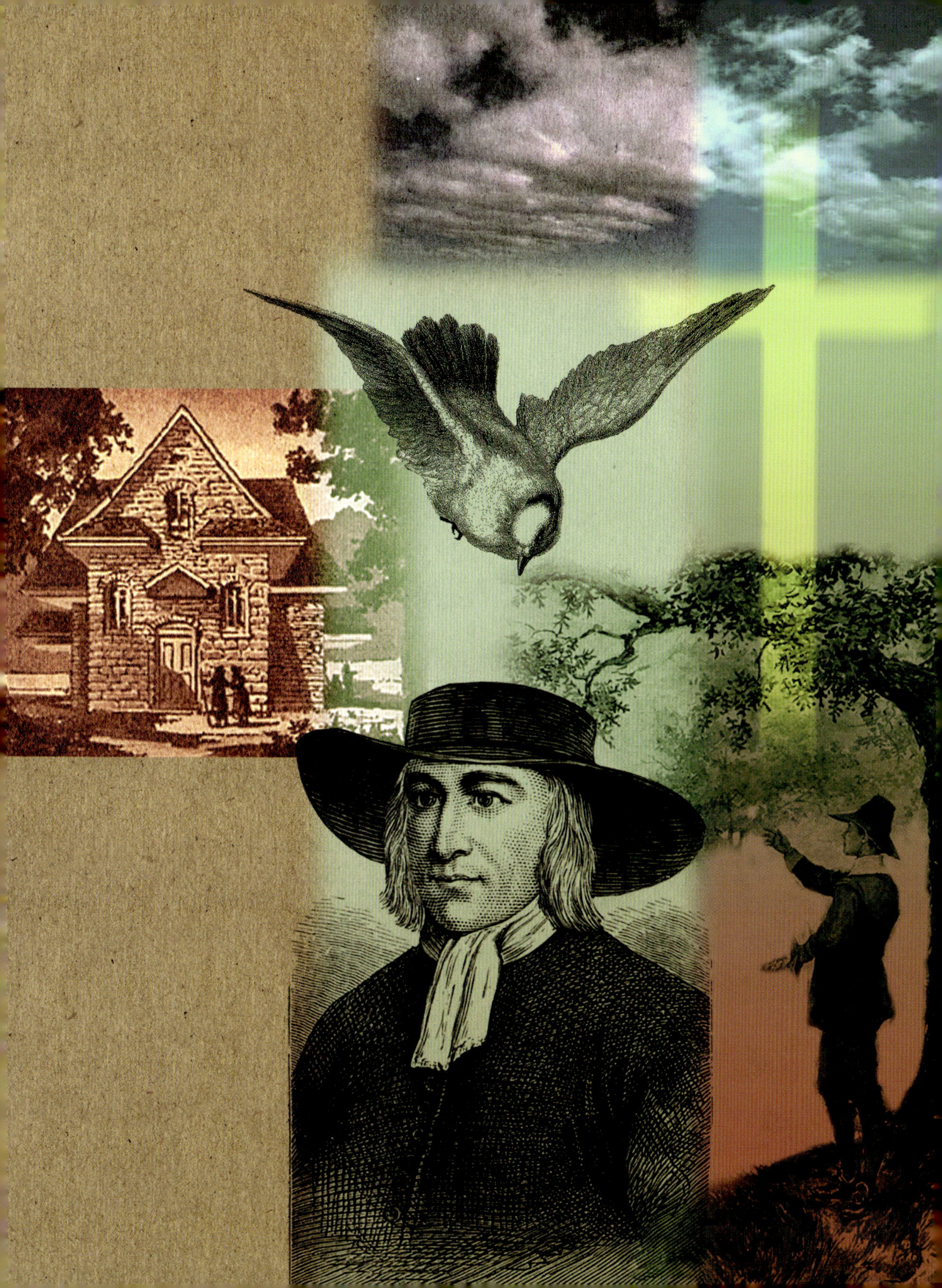

CRISTIANISMOS PELO MUNDO

CRISTIANISMOS PELO MUNDO
GLOSSÁRIO

Arrebatamento A ideia de que Jesus reaparecerá no Céu e que todos os verdadeiros crentes serão arrebatados aos céus para encontrar-se com ele. Há discordância em relação a quando isso irá acontecer, e alguns acreditam que já ocorreu, durante a destruição de Jerusalém em 70 d.C., conforme descrito em Mateus 24.

arrependimento Remorso por maus atos do passado e compromisso de mudar o próprio comportamento no futuro. Em um contexto religioso, em geral significa mostrar contrição por não ter obedecido às regras da fé e reafirmar então a crença nessa fé.

batalha espiritual Crença de que a vontade de Deus sofre constante ataque das forças do mal. Estas podem, por exemplo, dificultar os trabalhos religiosos ou levar pessoas a serem possuídas pelo demônio. Várias igrejas evangélicas sustentam essa ideia e praticam diferentes maneiras de expulsar os demônios do corpo daqueles que supõem possuídos.

batismo Cerimônia cristã durante a qual a pessoa é imersa ou borrifada com água, como parte da sua iniciação na fé. O ato tenciona simbolizar a purificação da alma. A maioria das igrejas cristãs insiste no batismo das crianças, mas não necessariamente dos adultos.

credobatismo Batismo de alguém que afirmou sua crença na fé cristã. Isso contrasta com o batismo de crianças (conhecido como pedobatismo), no qual não se exige uma afirmação de crença. Algumas igrejas cristãs acreditam que apenas o batismo de adultos aquiescentes é válido; a total imersão na água é com frequência requerida como parte da cerimônia.

glossolalia Emitir ruídos que soam como língua mas não têm sentido conhecido. O falante geralmente faz sons enquanto está em transe e, segundo alguns grupos religiosos, está possuído por uma força sobrenatural.

milenarismo Crença de que uma grande catástrofe ou apocalipse é iminente. Com frequência se associa à convicção de que o mundo está sendo regido por forças más ou corruptas, que devem ser desbancadas para que a verdadeira fé prevaleça. Entre os milenaristas incluem-se os cristãos que acreditam numa segunda vinda de Cristo.

monaquismo A prática religiosa de abandonar a corrente principal da sociedade e dedicar a vida ao desenvolvimento espiritual e à oração. Derivado do grego *monos*, que significa "apenas um, sozinho".

Muitas fés têm forte tradição monástica, caso do cristianismo, do budismo e do hinduísmo.

pedobatismo O batismo de crianças, quando a afirmação da crença não é exigida. É o oposto do credobatismo (o batismo de adultos), que impõe essa condição.

Pentecostes Festa cristã que celebra a descida do Espírito Santo entre os discípulos de Cristo 50 dias após a sua morte (pentecoste vem do grego para "cinquenta dias"). Segundo a Bíblia, depois que o Espírito Santo desceu, os discípulos começaram a "falar em outras línguas" e eram entendidos pelos presentes, cada um em sua própria língua. Isso levou à criação da Igreja Cristã.

Ressurreição A volta à vida de um corpo morto. Segundo a crença cristã, Cristo retornou à vida três dias após seu corpo ter sido colocado no túmulo. A Ressurreição é um dos princípios centrais da fé cristã, pois simboliza a possibilidade de redenção para todos os crentes após a morte. Há uma passagem bíblica que diz: "Se Cristo não foi ressuscitado, logo é vã nossa pregação" (1 Coríntios 15:14).

sabá O dia de descanso e culto nas religiões judaico-cristãs. Segundo o Gênesis, Deus criou o mundo em seis dias e descansou no sétimo. No entanto, nem todos concordam com o dia: a maioria dos judeus observa o sabá (Sabbath) no sábado, enquanto a maioria dos cristãos o faz no domingo.

Trindade A ideia de que Deus existe em três pessoas, o Pai, o Filho e o Espírito Santo, que são essencialmente uma. É um princípio central da fé cristã, embora sua formulação exata seja debatida e tenha sido uma das razões que levou a Igreja Grega Ortodoxa a se separar da Católica Romana em 1054.

CRISTIANISMO COPTA

Em 451 d.C., Anatólio, patriarca de Constantinopla, convocou o Concílio de Calcedônia para resolver a controvérsia teológica sobre a natureza de Jesus Cristo. O Conselho via Jesus como "totalmente humano e totalmente divino": duas naturezas em uma só pessoa. No entanto, os bispos "ortodoxos do Oriente" viam em Jesus uma só natureza, que consistia em humanidade e divindade. Embora a diferença pareça sutil, foi suficiente para produzir o primeiro grande cisma do cristianismo, resultando no surgimento da Igreja Ortodoxa Copta de Alexandria. Mesmo antes de Calcedônia, o cristianismo no Egito já assumira uma forma distinta: em vez do grego ou do latim, usava a língua local, o copta, e adotava práticas do monaquismo do deserto. Os escritos dos Pais do Deserto, especialmente seus sermões, são muito influentes na espiritualidade do cristianismo copta, em particular a tradição do *hesychasm* (em grego, "quietude"), que incentiva a prática do "silêncio interior e da prece contínua". Os coptas usam um calendário litúrgico baseado nas tradições do Egito antigo, com treze meses e três estações: inundação, semeadura e colheita. O chefe da Igreja Copta é o papa de Alexandria (atualmente Teodoro II), considerado sucessor do apóstolo Marcos, fundador da primeira igreja no Egito.

CRENÇA
Antiga igreja cristã baseada no Egito, nascida de um cisma cristológico e berço do monaquismo cristão.

PRÁTICA
Embora o monaquismo seja difundido nas tradições religiosas, o monaquismo cristão é amplamente considerado como originário das comunidades e indivíduos que se isolavam da vida mundana nos desertos do Egito e que inspiraram a espiritualidade ascética da Igreja Copta. Seguindo os passos de Santo Antônio, as tradições monásticas coptas enfatizam a prática do recolhimento e da abstenção — às vezes em completo isolamento e silêncio —, a fim de que os fiéis possam se dedicar totalmente a uma vida de oração e contemplação.

TEMAS RELACIONADOS
JUDAÍSMO ORTODOXO
p. 60
CRISTIANISMOS NA EUROPA
pp. 78-97
CRISTIANISMOS PELO MUNDO
pp. 98-115

DADOS BIOGRÁFICOS
JESUS
c. 5 a.C.-c. 30 d.C.
TEODORO II
1952-

CITAÇÃO
Russell Re Manning

A prática do ascetismo do deserto pelos cristãos coptas é vista como precursora do monaquismo cristão.

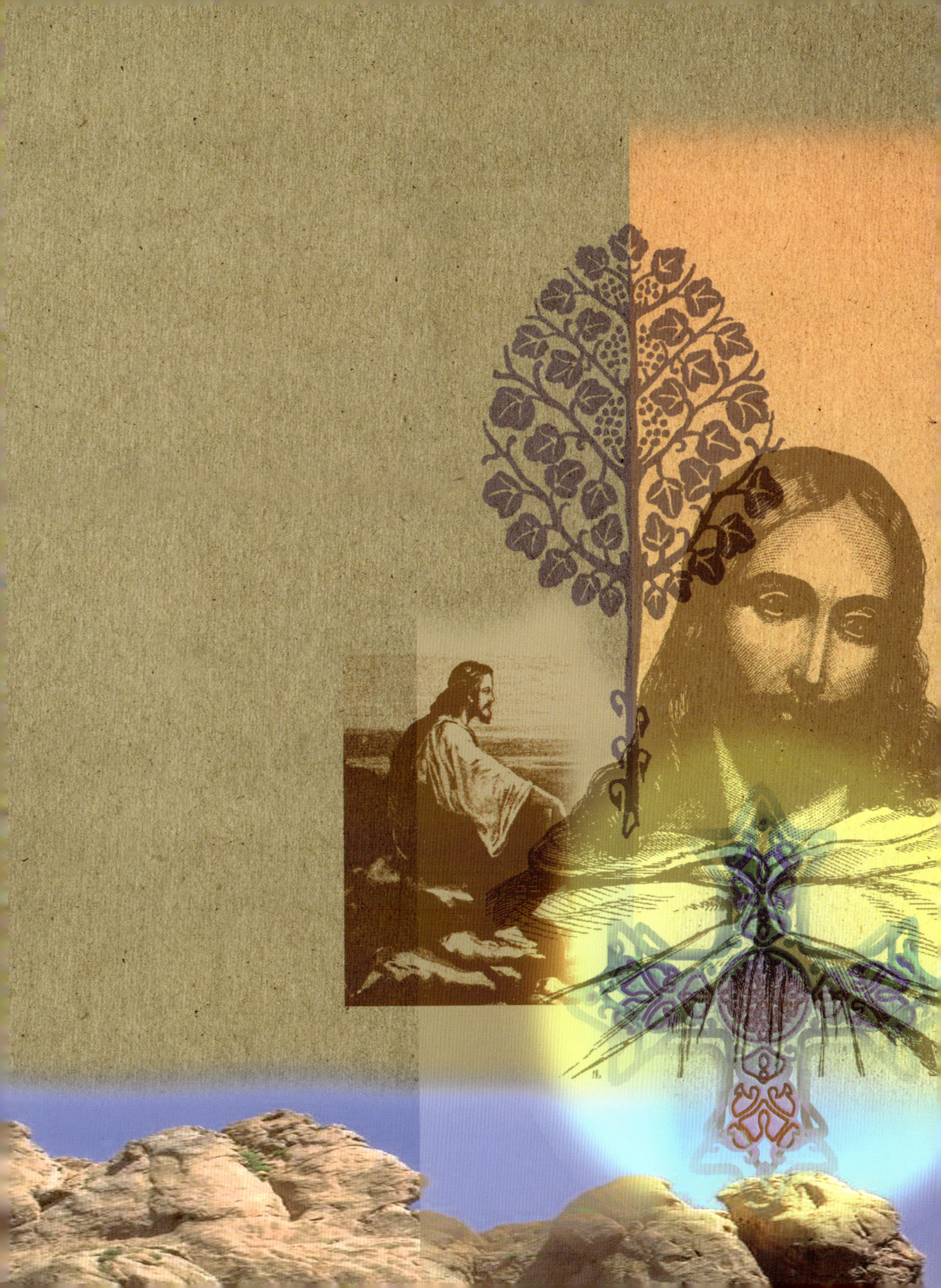

PENTECOSTALISMO

O pentecostalismo extrai seu nome da festa cristã de Pentecostes, que celebra o episódio ocorrido após a morte e a ressurreição de Jesus, quando seus discípulos, cheios do Espírito Santo, "falaram em outras línguas" (apresentaram glossolalia, ou seja, capacidade de falar línguas desconhecidas no momento do transe religioso). Esse fenômeno foi visto na antiga Igreja como sinal da presença de Deus, embora depois a Igreja passasse a considerar que tais episódios haviam cessado após a morte dos primeiros discípulos (a perspectiva "cessacionista"). As coisas mudaram na virada do século XX, quando grupos de cristãos americanos experimentaram o que viam como expressão do Espírito Santo, e de novo "falaram em outras línguas". O grupo mais influente foi o Reavivamento da Rua Azusa, em Los Angeles, em 1906, do pastor afro-americano William Joseph Seymour, que se notabilizou por expandir a divisão racial. Os devotos se uniram na experiência do Espírito e inicialmente invalidaram qualquer noção de hierarquia, sacerdócio ou privilégio. Os pentecostais seguem apresentando glossolalia – alguns veem isso como sinal de sua salvação; outros, como uma "segunda bênção", uma confirmação como povo de Deus após a iniciação do batismo. O pentecostalismo é o ramo cristão que mais cresce e reúne hoje bem mais de um quarto de todos os cristãos.

CRENÇA
Ramo do cristianismo cujos adeptos creem na realidade presente de dons espirituais concedidos pelo Espírito Santo.

PRÁTICA
Alguns pentecostais acreditam na "batalha espiritual", isto é, na luta que os cristãos são chamados a travar contra as forças do mal, usando o poder de Deus. Tal embate se expressa em preces para libertar aqueles que estão supostamente possuídos por demônios, convocando Deus. Isso reflete a dimensão "restauradora", pois os pentecostais julgam restaurar a igreja à sua forma original, quando os cristãos expulsavam demônios e curavam os doentes, seguindo assim o exemplo de Jesus.

TEMAS RELACIONADOS
LUTERANISMO
p. 88
CRISTIANISMO BATISTA
p. 110

DADOS BIOGRÁFICOS
WILLIAM J. SEYMOUR
1870-1922

CITAÇÃO
Mathew Guest

Os pentecostais têm a firme convicção na presença do Espírito Santo, que lhes concede a bênção de "falar em outras línguas" (glossolalia).

Г АΓГΙΛΑ

MORMONISMO

A Igreja de Jesus Cristo dos Santos dos Últimos Dias foi fundada por Joseph Smith em 1830 em Fayette, Nova York. Os mórmons acreditam que Smith teve uma série de visões nas quais recebia instruções precisas e autoridade para restaurar a igreja cristã. Um ponto central foi a descoberta e a tradução de um livro sagrado escrito em placas de ouro, contendo a história das interações de Deus com os antigos povos das Américas, compilado pelo antigo profeta americano Mórmon. Os mórmons usam esse livro junto com a Bíblia Sagrada (na versão autorizada do Rei Jaime) para seus estudos e ensinamentos e acreditam na continuidade da profecia: profetas vivos são escolhidos por Deus como meios pelos quais as revelações são comunicadas. Para os mórmons, todas as pessoas podem receber inspirações de Deus, mas na prática Deus se serve das figuras veteranas da Igreja. Consideram Jesus o primeiro filho nascido de Deus e o único ser humano perfeito, e acreditam que seguindo seu exemplo alcançarão a salvação, ou a bênção da vida eterna. Ao contrário de muitos cristãos, os mórmons não acreditam no pecado original, mas afirmam que todo indivíduo peca ao escolher fazer uma má ação. Assim, a salvação, embora concedida pela graça de Deus, requer que se façam boas ações, seguindo o exemplo de Jesus.

CRENÇA
A Igreja de Jesus Cristo dos Santos dos Últimos Dias, que visa restaurar o cristianismo com novas revelações dos atos de Deus e de sua natureza.

PRÁTICA
Em contraste com muitos cristãos, os mórmons não creem que Deus criou o Universo do nada (*ex nihilo*), mas que, como ser supremo todo-poderoso e onisciente, estabeleceu-o a partir de matéria preexistente, que dispôs em suas formas apropriadas. Para os mórmons, Deus tem um corpo físico (embora exaltado no Céu), Jesus é o perfeito primeiro filho de Deus, e a Trindade consiste em três seres distintos unidos em um propósito comum.

TEMAS RELACIONADOS
JUDAÍSMO ORTODOXO
p. 60
CRISTIANISMOS NA EUROPA
pp. 78-97
CRISTIANISMOS PELO MUNDO
pp. 98-115

DADOS BIOGRÁFICOS
BRIGHAM YOUNG
1801-1877
JOSEPH SMITH
1805-1844

CITAÇÃO
Russell Re Manning

O Livro de Mórmon, na tradução de Joseph Smith a partir das placas douradas, é a base da doutrina mórmon e tido como o "texto mais correto".

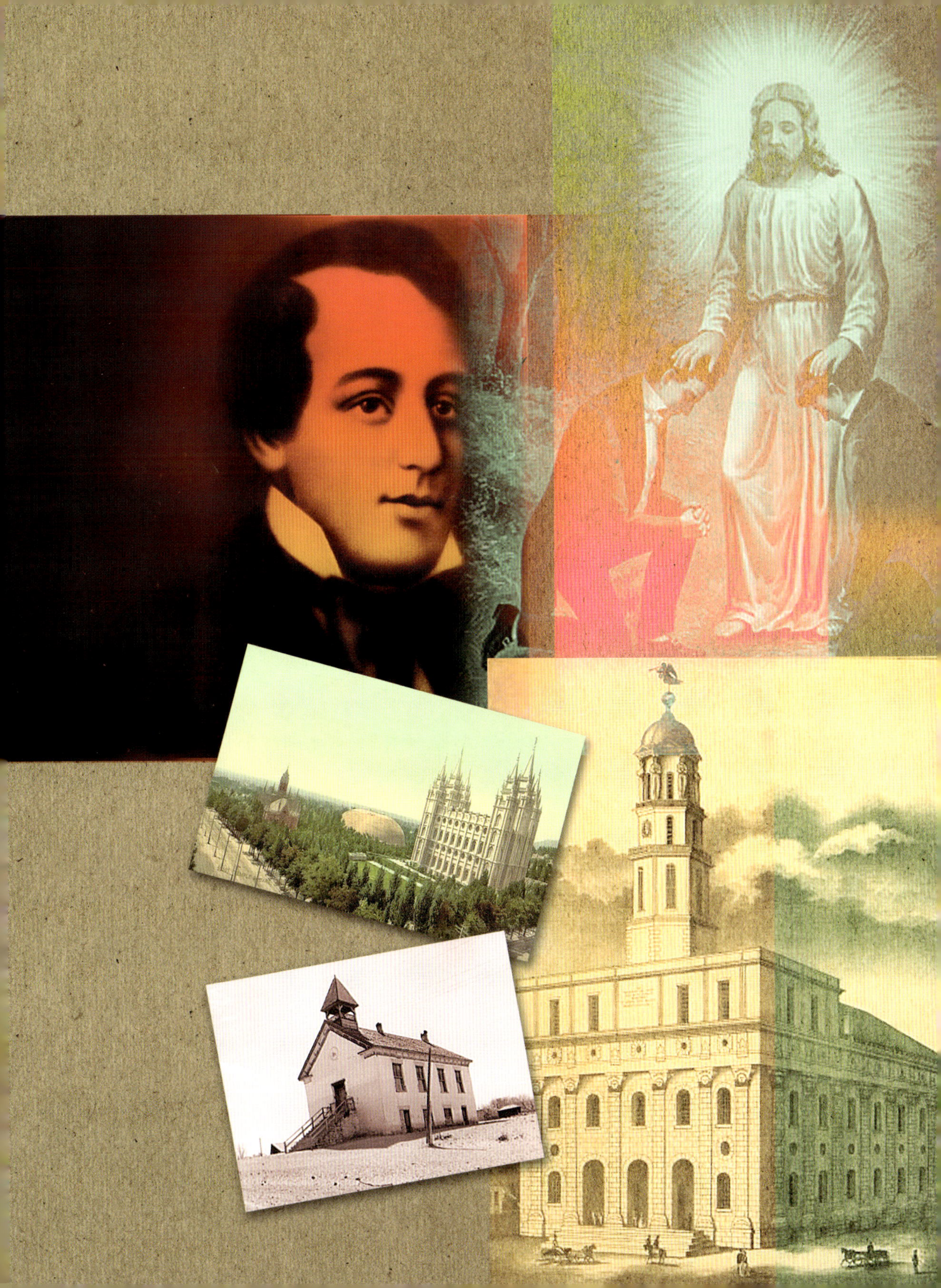

TESTEMUNHAS DE JEOVÁ

As Testemunhas de Jeová são a maior e mais conhecida das denominações cristãs que compõem o grupo de restauracionistas e milenaristas, surgidos do Movimento de Estudantes da Bíblia, do final do século XIX, fundado por Charles Taze Russell. Por meio de contínuas pregações e do jornal *Torre de Vigia de Sião e Arauto da Presença de Cristo*, Russell criticava muitas das doutrinas cristãs estabelecidas e pregava a mensagem urgente da segunda vinda iminente de Cristo. Em uma mistura de interpretações literais e simbólicas da Bíblia, as Testemunhas de Jeová acreditam nas pregações de Russell do apocalipse iminente — que inclui uma batalha cósmica entre as forças do Céu e as forças de Satã — e no Arrebatamento (subida aos céus) dos verdadeiros crentes. As Testemunhas de Jeová interpretam eventos políticos, assim como a evidência de mudança climática global, como prova de que o mundo está chegando ao fim. Ao contrário de muitos cristãos, não creem na Santíssima Trindade, e consideram Deus (ou "Jeová", seu nome bíblico original, do Tetragrama JHVH ou YHWH) como o Soberano Universal, Jesus como única criação direta de Deus e o Espírito Santo como o poder de Deus no mundo. Também acreditam que Satã é um anjo caído, que, junto com seus demônios, engana as pessoas e causa o mal e o sofrimento humano.

CRENÇA
Os últimos dias começaram em 1914, levando à iminente destruição do mundo pela intervenção de Deus e à libertação dos que cultuam Jeová.

PRÁTICA
O evangelismo é central para as Testemunhas de Jeová, particularmente a prática da divulgação de suas crenças visitando a casa das pessoas. Os comentários do *Sentinela* e outros materiais de ensino têm grande divulgação, com alguns textos traduzidos para mais de 500 línguas. As Testemunhas de Jeová usam e distribuem uma nova tradução da Bíblia – Tradução do Novo Mundo das Escrituras Sagradas – da qual foram impressos 165 milhões de exemplares em mais de 80 línguas.

TEMAS RELACIONADOS
JUDAÍSMO ORTODOXO
p. 60

CRISTIANISMOS NA EUROPA
pp. 78-97

CRISTIANISMOS PELO MUNDO
pp. 98-115

DADOS BIOGRÁFICOS
JESUS
c. 5 a.C.-c. 30 d.C.

CHARLES TAZE RUSSELL
1852-1916

CITAÇÃO
Russell Re Manning

As Testemunhas de Jeová acreditam na previsão de Russell de que o Armagedom virá purificar a terra e de que Deus criará então um paraíso governado por Jesus Cristo e por 144 mil eleitos.

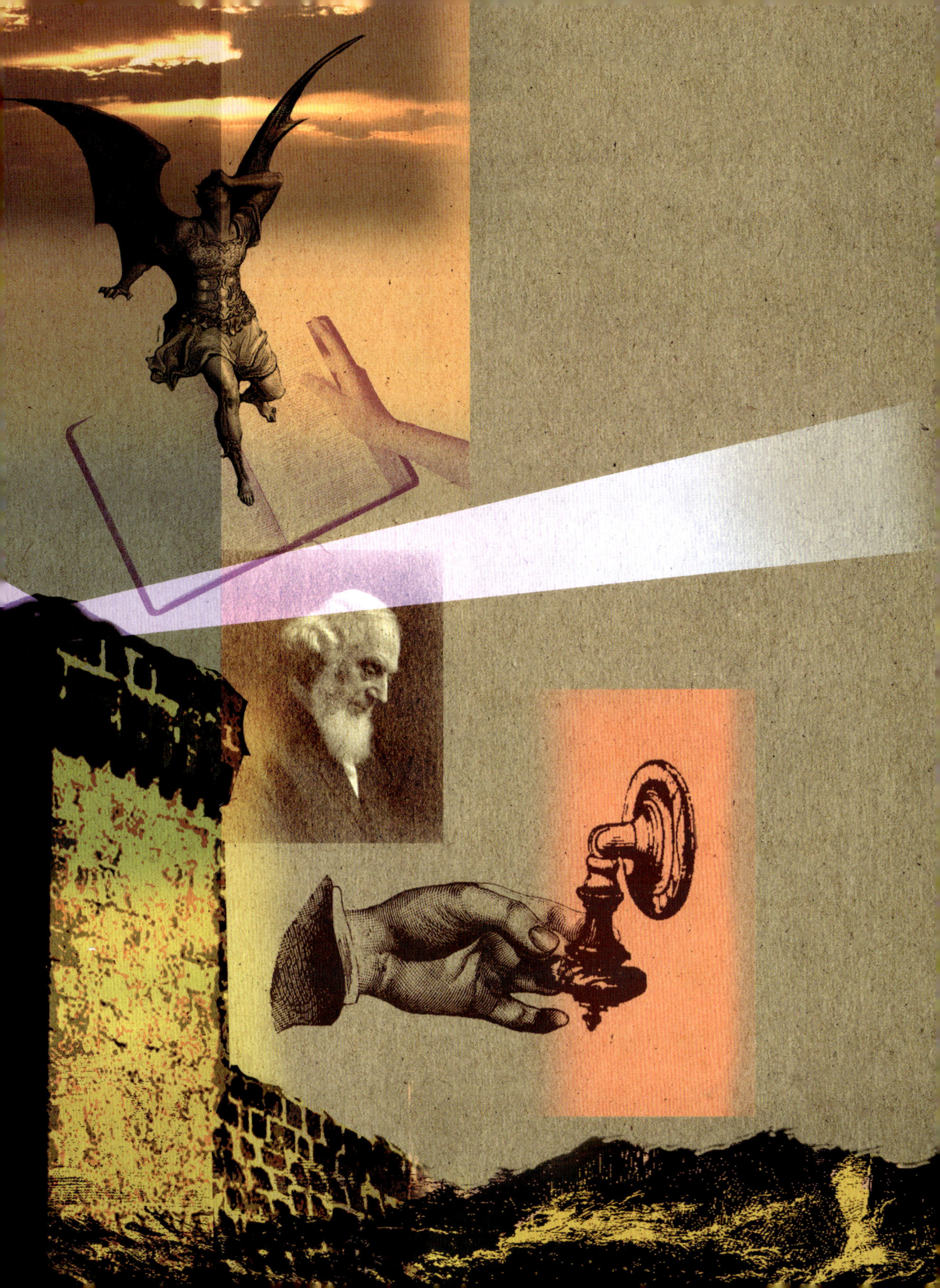

CRISTIANISMO BATISTA

Grupo diferenciado dentro das denominações cristãs, os batistas devem seu nome à prática do batismo adulto. Ao contrário da maioria dos cristãos, que batizam bebês ou crianças novas em um pequeno grupo da comunidade ("batismo infantil" ou "pedobatismo"), os batistas fazem o crente se comprometer com a fé cristã por livre escolha e publicamente na cerimônia do batismo adulto ("batismo de crentes" ou "credobatismo"). Com frequência, esses batismos são imersões completas, em que o fiel é mergulhado abaixo da superfície da água e emerge, aos olhos da Igreja, como "renascido" em Cristo. As igrejas batistas surgiram no início do século XVII dentro de várias denominações protestantes, e, embora não haja uma autoridade central, duas confederações se destacam: a Aliança Batista Mundial (Baptist World Alliance, BWA) e a Convenção Batista do Sul (Southern Baptist Convention, SBC). Em 2004, a SBC, maior denominação protestante dos Estados Unidos, com mais de 16 milhões de membros, decidiu sair da BWA por temer um desvio para o liberalismo teológico. Em geral evangélicos, os batistas colocam o Novo Testamento como autoridade explícita para suas crenças e práticas. Embora não leiam a Bíblia literalmente, insistem que as crenças e práticas cristãs sejam orientadas pelos exemplos do livro sagrado.

CRENÇA
O batismo de fiéis adultos é um sinal exterior de arrependimento pelos pecados e de fé em Jesus Cristo como Filho de Deus.

PRÁTICA
Os batistas acreditam que a fé religiosa deve basear-se numa relação pessoal entre Deus e o crente. Esse incentivo para uma "liberdade religiosa" faz com que os indivíduos possam praticar qualquer religião ou nenhuma. Historicamente, os batistas têm apoiado ardorosamente o princípio da separação entre Igreja e Estado, em particular nos Estados Unidos. Por certo os batistas têm a esperança evangélica de que os indivíduos venham a professar uma fé cristã, mas insistem em que isso deve se dar por uma decisão livre.

TEMAS RELACIONADOS
JUDAÍSMO ORTODOXO
p. 60
CRISTIANISMOS NA EUROPA
pp. 78-97
CRISTIANISMOS PELO MUNDO
pp. 98-115

DADOS BIOGRÁFICOS
JESUS
c.5 a.C.-c. 30 d.C.
JOHN SMYTH
c. 1570-c. 1612
THOMAS HELWYS
c. 1575-c. 1616
ROGER WILLIAMS
c. 1603-1683

CITAÇÃO
Russell Re Manning

Para os batistas, apenas os adultos podem professar uma verdadeira fé em Jesus Cristo e se arrepender de seus pecados.

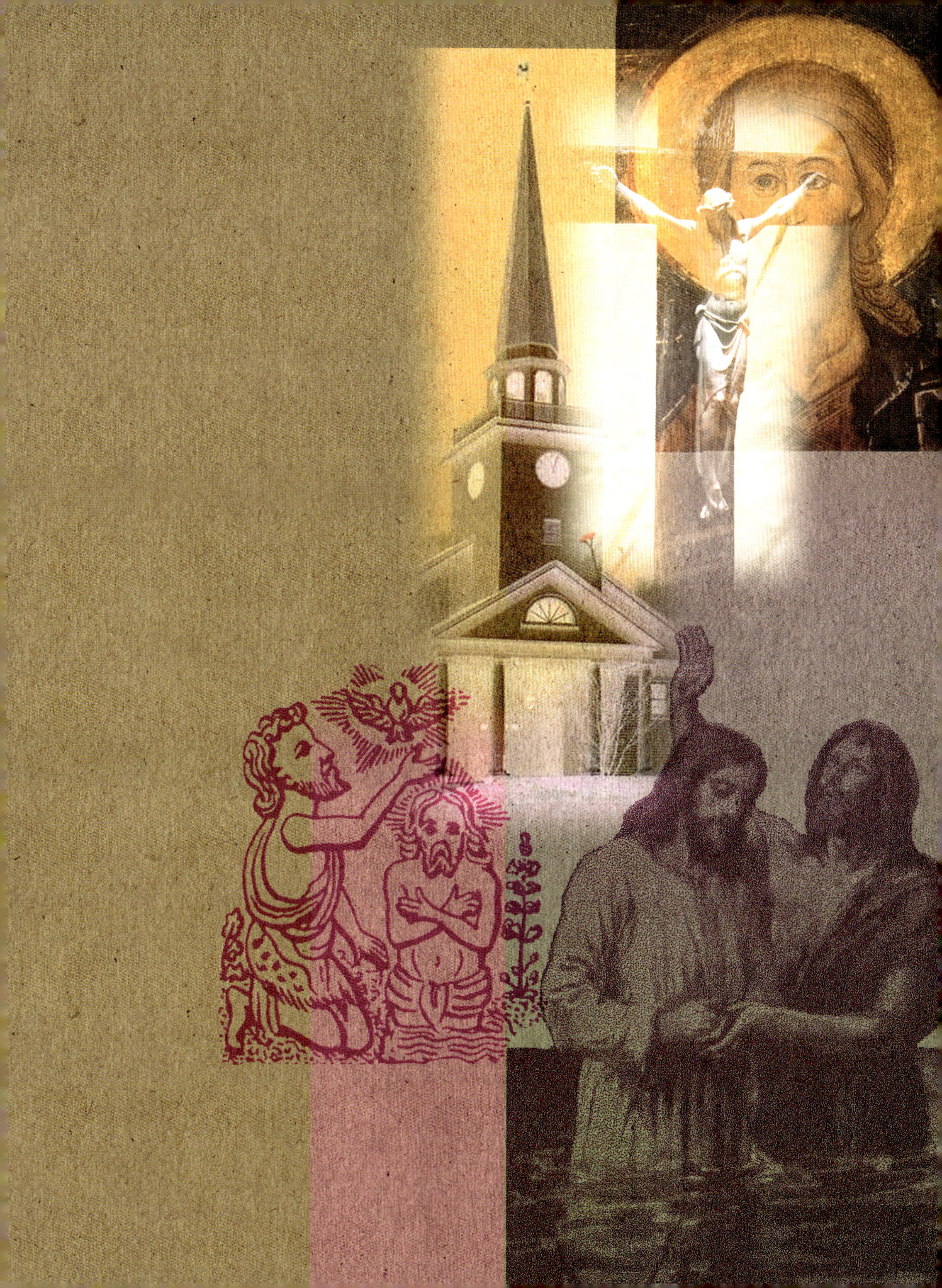

IGREJA ADVENTISTA DO SÉTIMO DIA

Formalmente estabelecida em

1863, a Igreja Adventista do Sétimo Dia é a maior e mais significativa igreja cristã que emergiu do movimento adventista da década de 1840, quando se previa o iminente "Segundo Advento" de Jesus Cristo. Como isso não ocorreu (o que ficou conhecido como "a Grande Decepção"), as previsões foram reinterpretadas para sugerir que Cristo havia ido para o "Local Mais Sagrado" do santuário celestial e que o julgamento divino havia começado. Os adventistas do Sétimo Dia acreditam que a Bíblia ordena aos cristãos a observação do sabá — manter o sábado (não o domingo) como dia de descanso e culto. Nenhum trabalho secular pode ser realizado nesse dia, que deve ser reservado a orações, obras de caridade e atividades orientadas à família, como caminhadas pela natureza. Mesmo atividades de recreação seculares, como esportes, em geral são evitadas. Por influência dos escritos de Ellen G. White, os adventistas colocam ênfase na conduta cristã, desde a ética sexual de abstinência e da rigorosa dieta alimentar até atitudes conservadoras em relação ao trajar e a atividades de lazer. Embora possa não ter apelo para alguns, o estilo de vida sóbrio dos adventistas parece ser bom para a saúde: um estudo recente mostra que os homens adventistas da Califórnia vivem 7,3 anos a mais que seus vizinhos não adventistas!

CRENÇA
Comunidade cristã que observa o sabá aos sábados e que se prepara para a iminente volta de Jesus Cristo.

PRÁTICA
Os adventistas do Sétimo Dia acreditam no chamado "julgamento investigativo". Isso é geralmente indicado como uma interpretação de Daniel 7:10 e de Apocalipse 20:12, que falam na abertura do "livro da vida" no qual todos os atos da humanidade estão registrados. Segundo essas visões, Satã acusa os crentes de transgressão e de falta de fé, e Jesus age como advogado, cujo sacrifício expiatório ajuda a apagar os pecados dos crentes. Aqueles cujos nomes permanecem são punidos com a destruição definitiva.

TEMAS RELACIONADOS
CRISTIANISMOS NA EUROPA
pp. 78-97
CRISTIANISMOS PELO MUNDO
pp. 98-115

DADOS BIOGRÁFICOS
JESUS
c. 5 a.C.-c. 30 d.C.
WILLIAM MILLER
1782-1849
ELLEN G. WHITE
1827-1915
JOHN HARVEY KELLOGG
1852-1943

CITAÇÃO
Russell Re Manning

Um corpo saudável e uma alma saudável — os adventistas cuidam da saúde abstendo-se de bebida alcoólica, tabaco e geralmente também de carne.

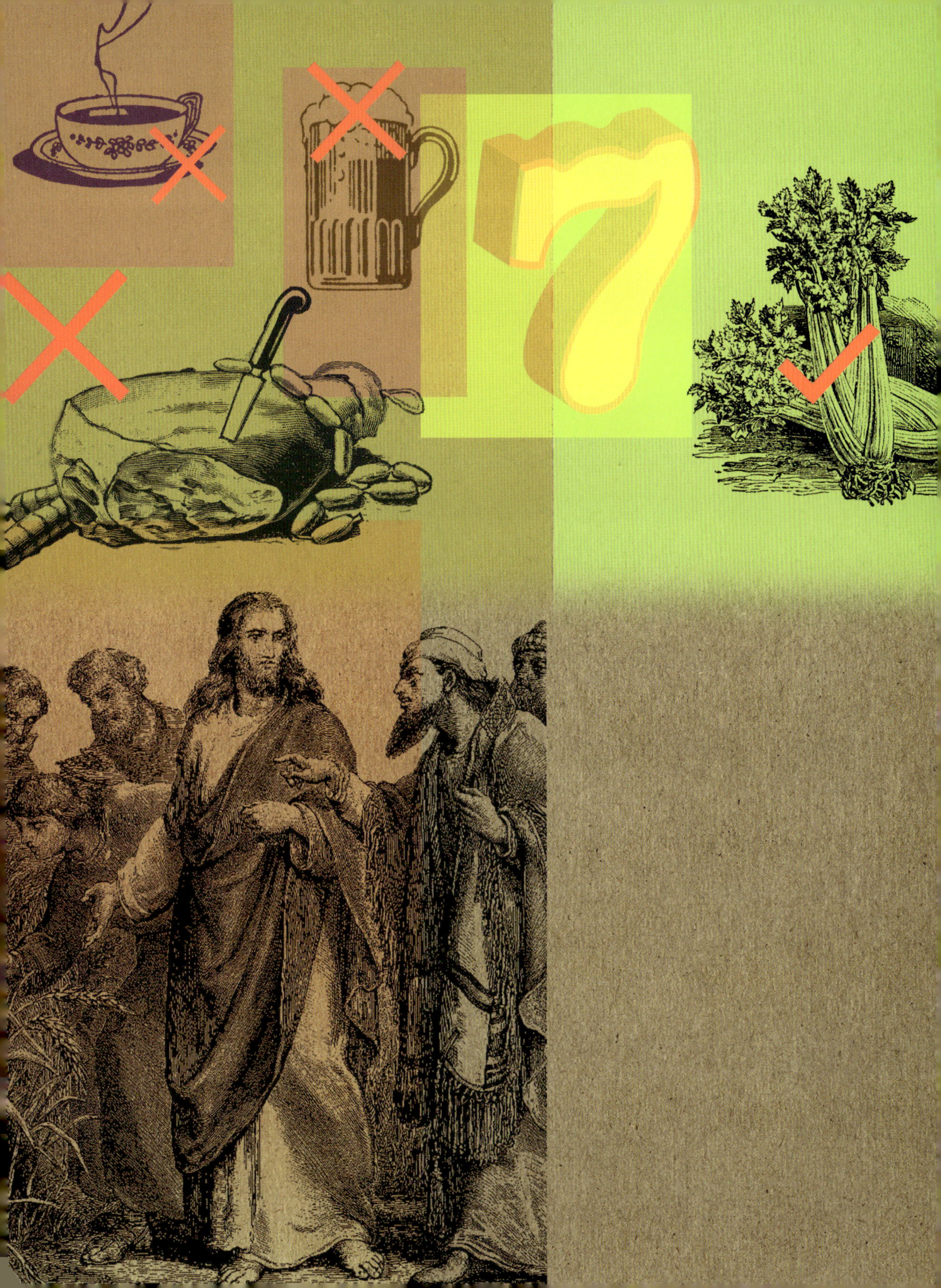

CIÊNCIA CRISTÃ

Em 1875, Mary Baker Eddy

publicou um livro intitulado *Ciência e saúde com a chave das Escrituras*. Eddy, que experimentara persistentes problemas de saúde por vários anos, conta que em 1866 recuperou-se de repente de uma queda grave e criou a nova religião da Ciência Cristã. Em 1879, a Primeira Igreja de Cristo Cientista foi fundada em Boston, Massachusetts. A Ciência Cristã tem uma crença central de que a oração pode levar à cura e, na maioria dos casos, deve ser preferida ao tratamento médico convencional. No entanto, essa convicção não se funda na ideia de uma intervenção milagrosa de Deus no mundo. Ao contrário, os cientistas cristãos acreditam que o mundo material é uma versão distorcida do mundo verdadeiro – um mundo de ideias espirituais. A oração permite uma visão não distorcida da realidade espiritual. A doença é entendida como o resultado de uma crença equivocada na realidade de um problema material; portanto, a cura constitui a correção desse erro pelo reconhecimento de que o problema na verdade é apenas uma ilusão. Os cientistas cristãos veem Jesus Cristo como "O que mostra o caminho" e consideram seus "milagres" de cura como exemplos de sua compreensão espiritual: uma compreensão que está disponível a toda a humanidade.

CRENÇA
O mundo real é na verdade uma realidade imortal de ideias espirituais; quando se reconhece isso, a cura vem.

PRÁTICA
Para os cientistas cristãos, a relação entre a crença cristã e as ciências naturais é simples. As ciências naturais descrevem o mundo irreal da matéria e, como tal, são ilusórias; ao contrário, a Ciência Cristã leva a uma compreensão do mundo imortal real das ideias espirituais. Na verdade, não há conflito: os relatos científicos naturais da evolução biológica são tão equivocados quanto os relatos "criacionistas" – ambos partem da crença na realidade do mundo material.

TEMAS RELACIONADOS
CRISTIANISMOS NA EUROPA
pp. 78-97
CRISTIANISMOS PELO MUNDO
pp. 98-115

DADOS BIOGRÁFICOS
JESUS
c. 5 a.C.-c. 30 d.C.

MARY BAKER EDDY
1821-1910

CITAÇÃO
Russell Re Manning

Deus abrange a realidade espiritual, que é a verdade e o bem. Segundo os cientistas cristãos, o mundo material, incluindo o mal, é irreal e enganoso.

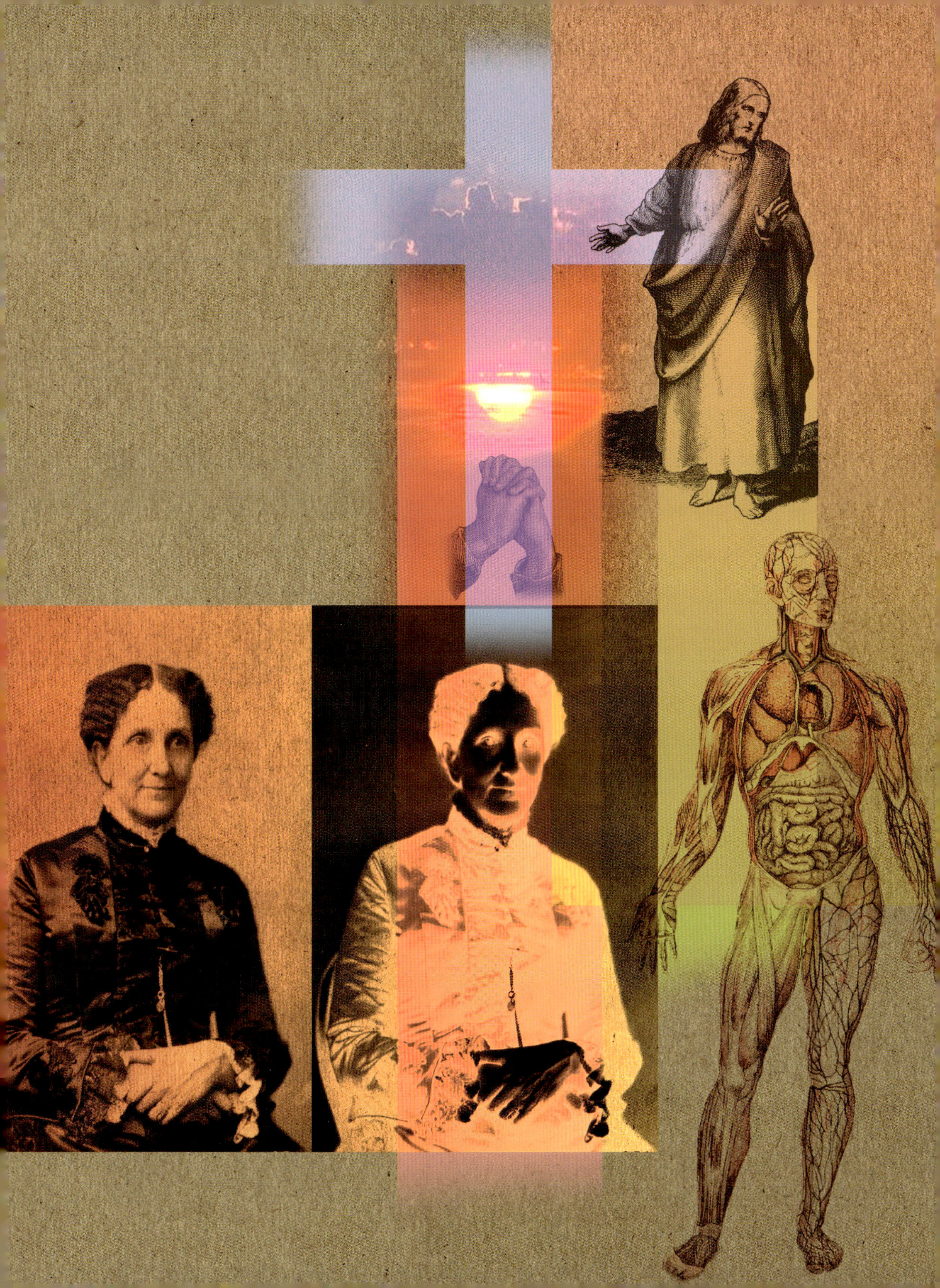

RELIGIÕES DE FUSÃO

RELIGIÕES DE FUSÃO
GLOSSÁRIO

Bhagavad Gita Parte do Mahabharata, composto em c. 250 a.C., onde Krishna se revela a Arjuna e trava uma longa discussão teológica sobre a natureza humana e o sentido da vida. A obra discute muitos dos princípios centrais do hinduísmo, como a dissolução do ego e a decisão de seguir o caminho natural.

ectoplasma Substância que dizem exsudar de vários orifícios, ou talvez dos poros de médiuns, quando estão em transe. Começa com fumaça ou vapor, e dizem que reage à luz e se torna uma substância similar a um tecido.

espíritas cristãos Pessoas que combinam a fé cristã com crenças espíritas. Para elas, o principal atrativo é a alegada capacidade de contatar os mortos e se comunicar com entes queridos. As religiões cristãs ortodoxas sustentam que a Bíblia proíbe expressamente contatos com os mortos, citando para isso passagens do Deuteronômio (18:11) e de Lucas (16:19-31).

espírito A parte não física, metafísica de uma pessoa; sua força vital essencial. Muitas religiões consideram que é o espírito que dá vida ao corpo, e que o espírito sobrevive depois que o corpo morre.

magia negra A canalização de espíritos malévolos e de outros fenômenos paranormais a fim de criar feitiços e promover danos, ou a crença de que isso seja possível.

médium Pessoa que diz ter contato com espíritos dos mortos e outras forças sobrenaturais e que age como intermediária entre os mortos e os vivos. O contato costuma ocorrer quando o médium entra em transe e permite que o espírito use seu corpo para se comunicar verbalmente ou por meio de escrita ou outros sinais. A prática é dominante em certas religiões, como o espiritismo e o vodu.

Odin Na mitologia nórdica, o deus supremo, que criou o céu, a terra e os primeiros seres humanos, Ask e Embla. Foi venerado também como deus da poesia, da sabedoria, do conhecimento, da magia, da profecia, da guerra, da caça, da vitória e da morte.

panteão Templo dedicado aos deuses, como o edifício desse nome em Roma, ou termo coletivo para indicar um grupo de deuses ou divindades.

paranormal Algo que não pode ser explicado pela experiência normal ou pelas leis científicas atualmente aceitas. Exemplos: telepatia, adivinhação, astrologia, canalização, fantasmas e óvnis.

sacrifício de animais O sacrifício ritual de um animal para apaziguar divindades ou fazer-lhes pedidos. É interpretado às vezes como matar o que há de básico na humanidade, seus instintos "animais", ou simplesmente como sacrifício de algo precioso para provar a devoção. Muitas religiões praticam o sacrifício animal, inclusive o hinduísmo, e há numerosas descrições disso no Antigo Testamento.

satanistas Aqueles que se dedicam ao culto a Satã. Os fundamentalistas cristãos às vezes usam o termo ao se referir aos não cristãos. A verdadeira Igreja de Satã, porém, tem princípios bem definidos, como satisfazer os próprios desejos e não oferecer a outra face, mas também ser bom com aqueles que o mereçam e não fazer mal às crianças.

sessão espírita Reunião de pessoas, em geral em torno de uma mesa, para contatar espíritos dos mortos. Em geral, um médium é o intermediário, e as mensagens vêm por fala, escrita, cartas ou tabuleiro *ouija*. Às vezes usa-se o termo francês *séance*, "tomar assento", que se refere originalmente a reuniões ou sessões em órgãos políticos.

sincretismo Fusão de diferentes fés, em geral implicando uma nova fusão bem-sucedida. O espiritismo cristão é um exemplo. O bahaísmo, que aceita Maomé, Jesus, Moisés, Buda, Zoroastro e Abraão como profetas, é considerado outra religião, tendo seu próprio profeta, Bahá'u'lláh, e suas escrituras sagradas.

xamanismo Crença de que o mundo é cheio de espíritos, que podem ser influenciados por um homem santo. Acredita-se que um xamã tem o poder de curar pessoas e resolver problemas numa comunidade ao se conectar com o mundo espiritual e restaurar o equilíbrio. É a religião que predomina na Ásia e na Sibéria e entre os nativos americanos.

Wicca Religião pagã ou baseada na natureza, com raízes provavelmente na feitiçaria pré-cristã. Conciliábulos de adeptos da Wicca usam rituais mágicos para celebrar festivais sazonais em torno da Deusa Mãe. Alguns dizem que há atos sexuais envolvidos.

zumbi Um corpo morto trazido de volta à vida por forças sobrenaturais. Em religiões de vodu, o termo pode também se referir a um feitiço lançado para trazer um cadáver de volta à vida e controlá-lo. O conceito tem origem na África Ocidental mas se difundiu na cultura popular do Ocidente por meio de romances e filmes.

NEOPAGANISMO

Os neopagãos são inspirados pelas antigas religiões pré-cristãs da Europa (e, em grau menor, do Oriente Médio) e exibem grande diversidade de crenças e ênfases. Os neopagãos helênicos, por exemplo, cultuam as divindades gregas, como Zeus, enquanto outros se voltam para deuses nórdicos, como Odin. A corrente mais conhecida, porém, é a Wicca, que enfatiza a noção de uma Deusa da fertilidade e da renovação e de seu consorte, o Deus Chifrudo das florestas. A Wicca exalta o respeito e a celebração da natureza — tanto nos ritmos do ano como no ciclo da vida — e afirma que os humanos em harmonia com a natureza podem se tornar adeptos "da Arte", o uso da magia. No entanto, as autodenominadas "feiticeiras" são instruídas a empregar a magia para a cura e para o desenvolvimento pessoal, e não para manipular coisas exteriores. Alguns neopagãos veem as divindades como seres reais; outros, como representações simbólicas de forças naturais e de aspectos humanos. Muitas das teses acerca da Deusa sobre as quais a Wicca se apoia são vistas hoje como inexatas em termos históricos, mas os membros costumam estar cientes disso e se dispõem a encarar tais textos como "mitos fundadores".

CRENÇA
Os humanos devem viver em harmonia com a natureza por meio da veneração dos deuses e deusas antigos, e os rituais mágicos podem trazer cura e crescimento espiritual.

PRÁTICA
Enfatizando uma divindade feminina e reivindicando o empoderador rótulo de "feiticeira", a Wicca tem atraído algum apoio do feminismo. Mas como a Deusa é muitas vezes retratada como um estereótipo sexual de mulher magra e jovem, o feminismo tem sido criticado por apoiar esses aspectos de gênero. As práticas neopagãs — em especial as que envolvem nudez — são vistas com hostilidade por muitos cristãos, e os adeptos da Wicca queixam-se de serem acusados de satanismo por igrejas e pela mídia.

TEMA RELACIONADO
ANIMISMO
p. 18

DADOS BIOGRÁFICOS
GERALD GARDNER
1884-1964

ALEX SANDERS
1926-1988

MAXINE SANDERS
1946-

STARHAWK
1951-

CITAÇÃO
Richard Bartholomew

O neopaganismo é uma religião essencialmente politeísta, que reconhece uma Deusa e celebra a natureza como uma divindade por direito próprio.

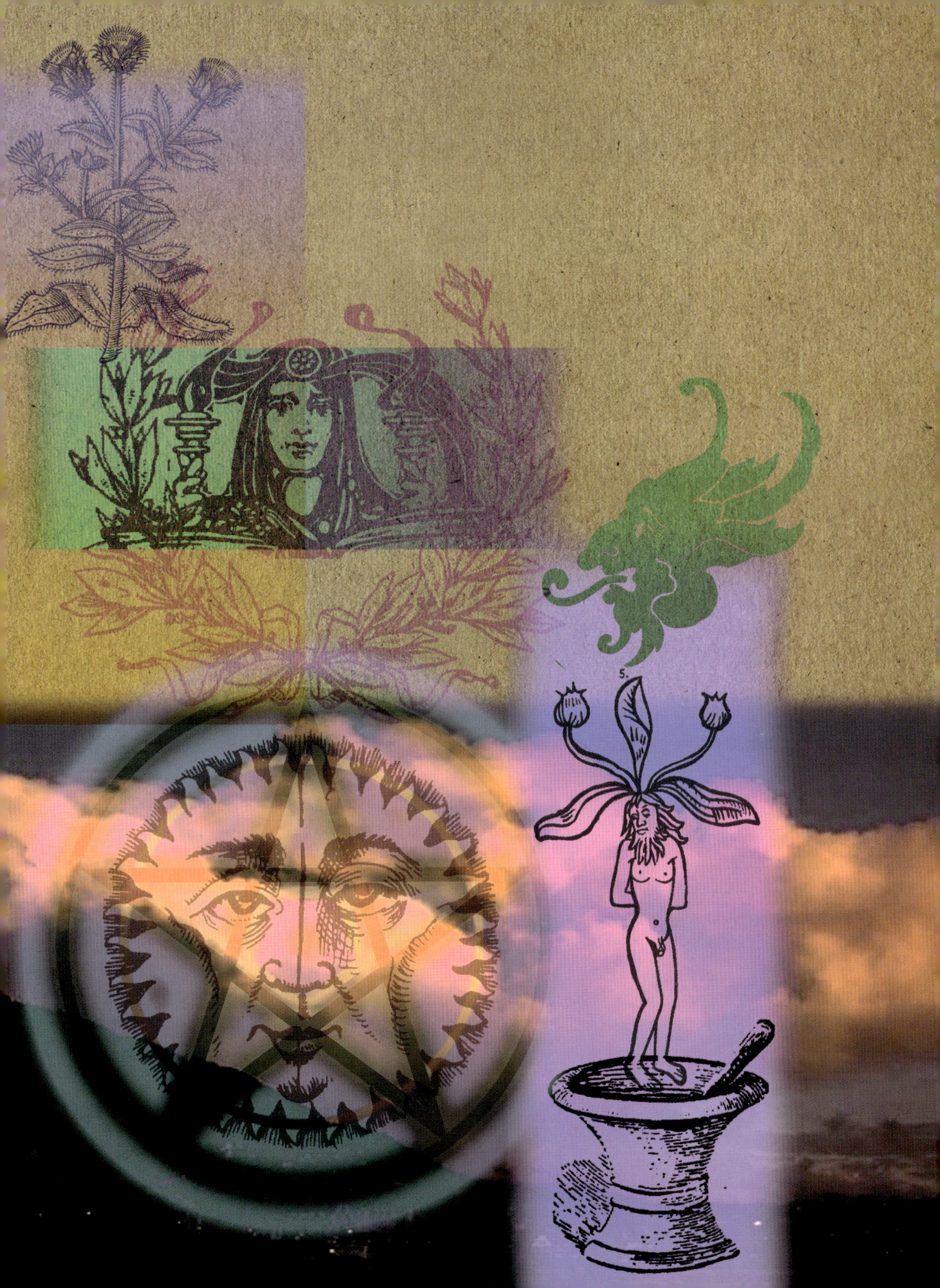

ESPIRITISMO

Os espíritas acreditam que os médiuns são capazes de transmitir mensagens do mundo espiritual. Essas comunicações podem ser ensinamentos religiosos de guias espirituais ou mensagens de entes queridos já falecidos. Um espírito pode comunicar-se de várias maneiras. Às vezes, o médium entra em transe e pronuncia ou escreve as palavras do espírito — ou, se a consulta ao médium for num pequeno grupo de pessoas em volta de uma mesa, o espírito pode responder chacoalhando o móvel ou batendo nele. Outra opção é o médium ficar em pé diante de uma plateia maior e receber informações de vários espíritos sobre algumas das pessoas presentes. Alguns médiuns se dizem capazes de enviar mensagens a pessoas que os contatam por telefone ou mensagens de texto; no passado, alguns diziam que durante o transe seus corpos exsudavam ectoplasma, substância que podia assumir a forma do espírito e ser fotografada. Apesar do tabu bíblico de não contatar os mortos, há espíritas cristãos, e alguns alegam receber ensinamentos de um discípulo de Jesus chamado Zodiac. Imagina-se que o mundo espiritual consiste em vários níveis ou "esferas", e que o progresso espiritual segue seu curso após a morte.

CRENÇA
Os mortos podem contatar os vivos desde o mundo espiritual servindo-se dos médiuns, com mensagens e outras manifestações que provam cientificamente que há vida após a morte.

PRÁTICA
Os espíritas dizem prover evidência científica de que há vida após a morte, ao darem informações que o médium não teria como conhecer se não fosse comunicando-se com espíritos. Isso despertou a atenção dos pesquisadores da paranormalidade, e alguns acreditam que a mediunidade é algo genuíno. Outros, porém, acham que, devido a um autocondicionamento, quem consulta um médium não detecta a incorreção de algumas informações, nem leva em conta a capacidade que um médium pode ter de captar naturalmente dados sobre a pessoa que o consulta.

DADOS BIOGRÁFICOS
EMANUEL SWEDENBORG
1688-1772

MARGARET FOX
1833-1893

LEONORA PIPER
1857-1950

ARTHUR CONAN DOYLE
1859-1930

DORIS STOKES
1920-1987

CITAÇÃO
Richard Bartholomew

Os espíritas acreditam que o espírito sobrevive à morte. As mensagens do mundo espiritual chegam aos vivos através dos médiuns.

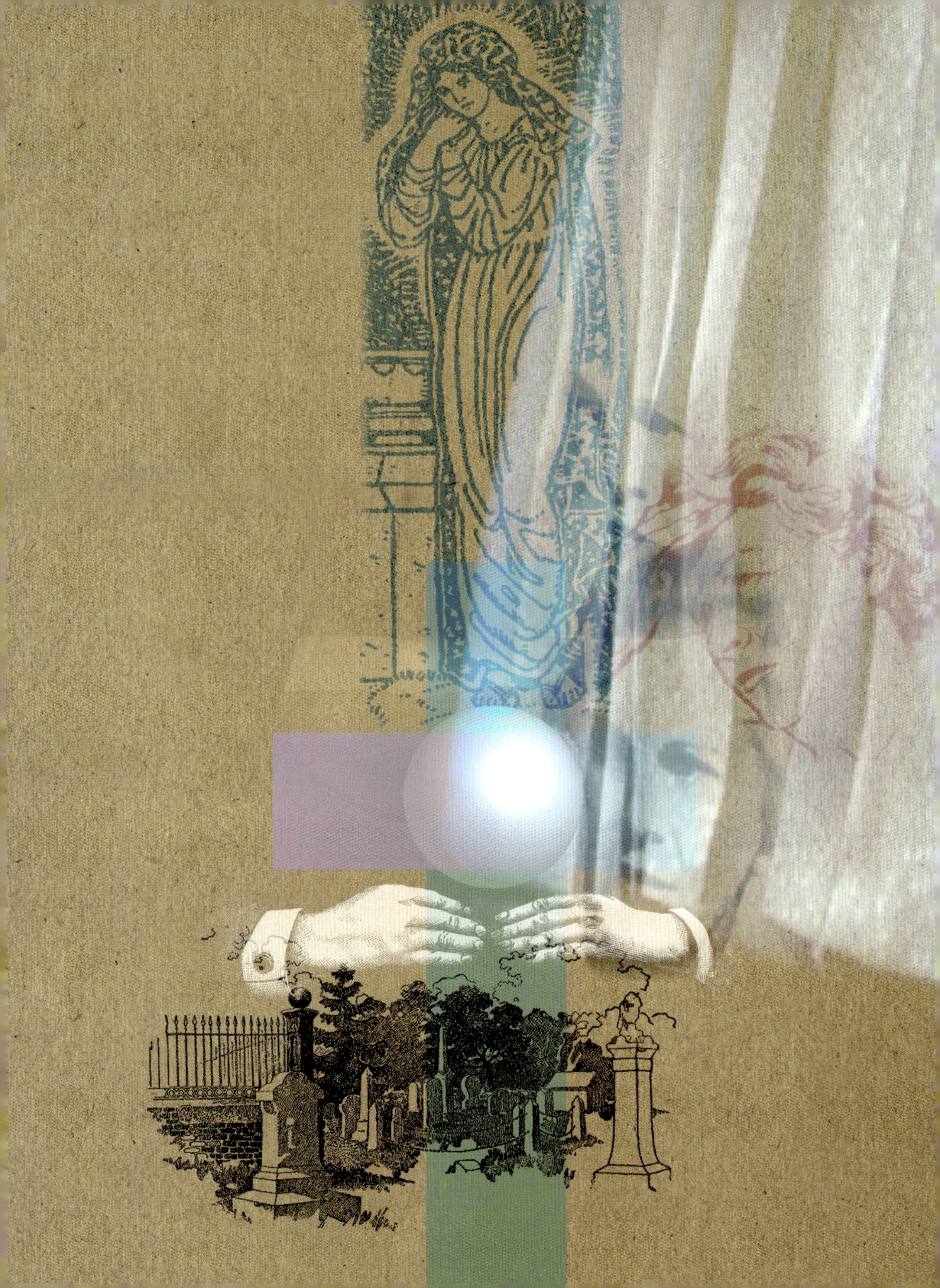

VODU

Segundo as crenças vodu, existem milhares de espíritos (*iwa*) que interagem com a humanidade. Os *iwa* já foram humanos e estão divididos em "nações", que refletem os lares ancestrais dos escravos africanos. Há espíritos generosos, os *rada*, e outros mais agressivos, os *petro*, embora estes possam ser vistos como manifestações alternativas do mesmo *iwa*. Alguns espíritos são mais associados aos mortos – é o caso dos *gede*, chefiados pelo Baron Samedi (ou Bawon Samdi), o líder dos deuses barulhentos que controla a porta de acesso ao mundo dos mortos, e conhecidos por seus truques e por seu comportamento rude. Todos os espíritos foram criados pelo Supremo Deus, Bondye, que avalia os pedidos dos humanos que lhes são passados pelos *iwa*, mas que, afora isso, não se envolve com a humanidade. Os *iwa* são acionados por sacerdotes vodu (*oungan*) e sacerdotisas vodu (*manbo*), em contatos que podem se dar por meio de sonhos, transes mediúnicos ou adivinhação. Os rituais usam tambores e danças, pois isso atraem os espíritos e induzem à possessão, enquanto o sacrifício de animais dá sustento aos espíritos. Existem também espíritos menores malignos, os *baka*, que podem ser manipulados com propósitos egoístas por alguns feiticeiros, os chamados *boko*. Acredita-se que os *boko* têm o poder de criar zumbis, isto é, corpos que são controlados pelo *boko* quando este consegue capturar a alma dessa pessoa.

CRENÇA
Muitos espíritos se dão a conhecer por meio de sonhos, transes e comunicação com os sacerdotes; os rituais de vodu propiciam curas, assistência e proteção contra as forças do mal.

PRÁTICA
Muitos seguidores de vodu consideram-se católicos, apesar da atitude da Igreja, contrária a essa religião. Vários dos *iwa* são identificados com santos da Igreja Católica — como o guardião do portal, o *iwa* Legba, com frequência associado a São Pedro, que na tradição católica tem as chaves do Céu. Alguns praticantes de vodu queixam-se da imagem negativa que a religião ganhou na cultura popular, retratada como uma forma de "magia negra".

TEMAS RELACIONADOS
IORUBÁ
p. 14
CANDOMBLÉ
p. 126

DADOS BIOGRÁFICOS
BOUKMAN DUTTY
C. 1791

MARIE LAVEAU
1794-1881

MAYA DEREN
1917-1961

CITAÇÃO
Richard Bartholomew

Rituais contagiantes permitem contatar o mundo espiritual, para que sacerdotes e sacerdotisas vodu busquem assistência e cura.

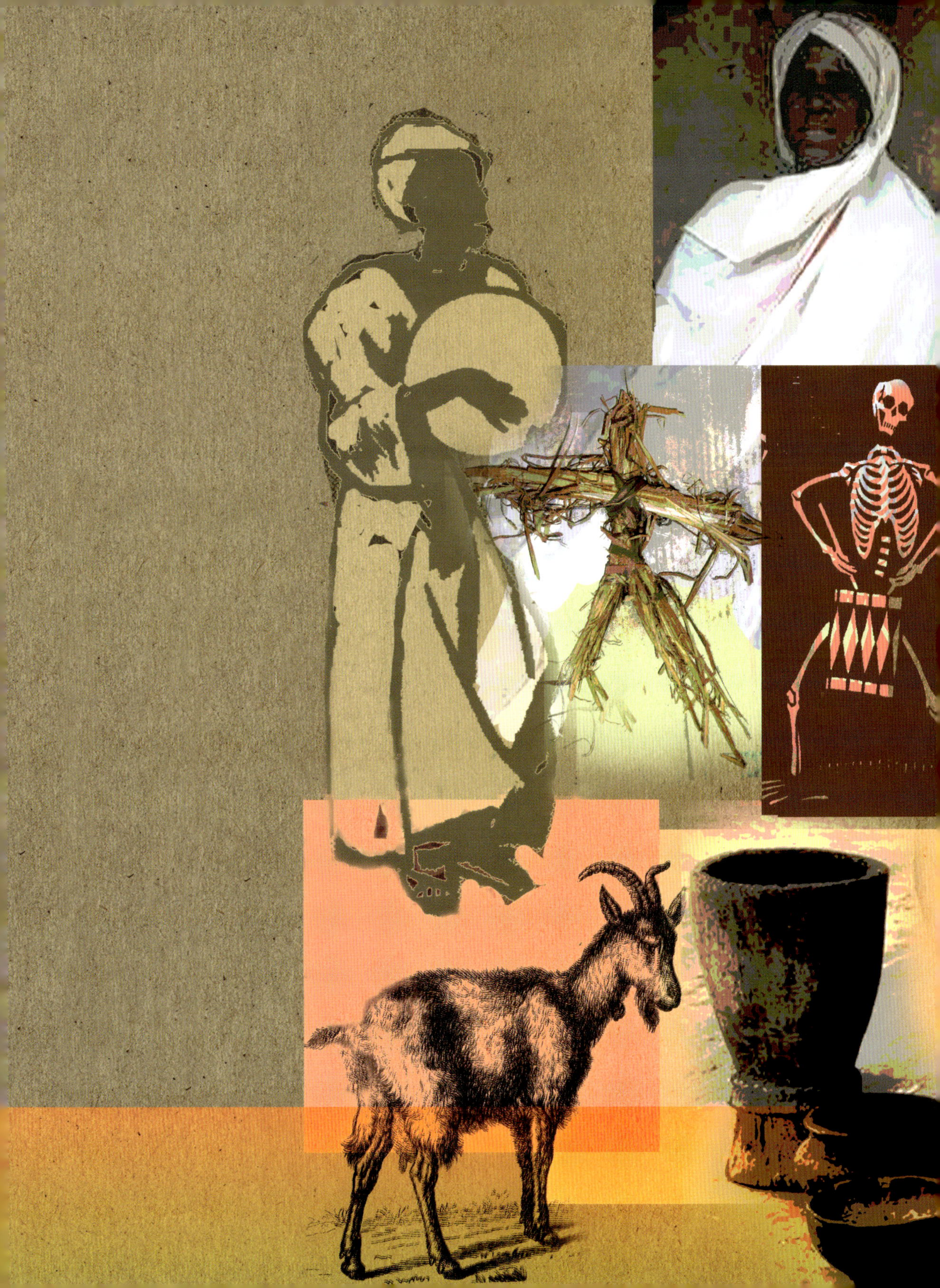

CANDOMBLÉ

Os seguidores do candomblé

veneram as divindades africanas, apoiados em tradições de diversas partes da África (mas principalmente na tradição iorubá) que foram trazidas para o Brasil pelos escravos. As divindades são os orixás, embora essa nomenclatura varie um pouco; há um Deus mais distante chamado Olorum, seu filho Oxalá, que criou o mundo, e um pequeno panteão de outras divindades que representam aspectos da experiência humana e da ordem natural, como a guerra e a agricultura (Ogum) e a luxúria e a fertilidade (Oxum). Cada pessoa é "filha" de um orixá em particular, e o seguidor da religião (mulher ou homem) pode escolher tornar-se iaô, um iniciado de alguma divindade. Seguindo o processo de iniciação, o iaô passa a representar a divindade para as pessoas, entrando em transes de possessão e dançando, e depois de sete anos pode se tornar mãe ou pai de santo. Os deuses recebem oferendas de sacrifícios animais e são consultados a respeito de problemas por meio de métodos de adivinhação, como jogar búzios e interpretar os padrões formados pelas pequenas conchas. A saúde e a harmonia dependem de se alcançar um equilíbrio entre as várias forças representadas pelos diferentes orixás.

CRENÇA
Os deuses dão-nos vida, proteção e conselho, então devemos retribuir com oferendas de comida, celebrações e, em alguns casos, com a iniciação.

PRÁTICA
O candomblé contém elementos do catolicismo, e seus orixás identificam-se com Jesus e com os santos. Alguns seguidores do candomblé dizem-se também católicos. No entanto, a partir dos anos 1980, tem havido um movimento de rejeição à influência católica, tida como uma imposição "sincretista"; aqueles que adotam essa visão buscam a "reafricanização" e aconselham a remoção de imagens católicas. No entanto, alguns estudiosos acreditam que essa busca de pureza trai as complexidades históricas que fazem parte do desenvolvimento do candomblé.

TEMAS RELACIONADOS
IORUBÁ
p. 14
VODU
p. 124

DADOS BIOGRÁFICOS
IYA NASSO
década de 1830

MÃE ANINHA
Eugênia Anna Santos
1879-1938

MÃE MENININHA
Maria Escolástica
da Conceição Nazaré
1894-1986

MÃE STELLA DE OXÓSSI
Maria Stella
de Azevedo Santos
1925-

CITAÇÃO
Richard Bartholomew

Com fortes associações africanas, os seguidores do candomblé procuram os deuses para obter segurança, e em troca fazem oferendas e prestam culto.

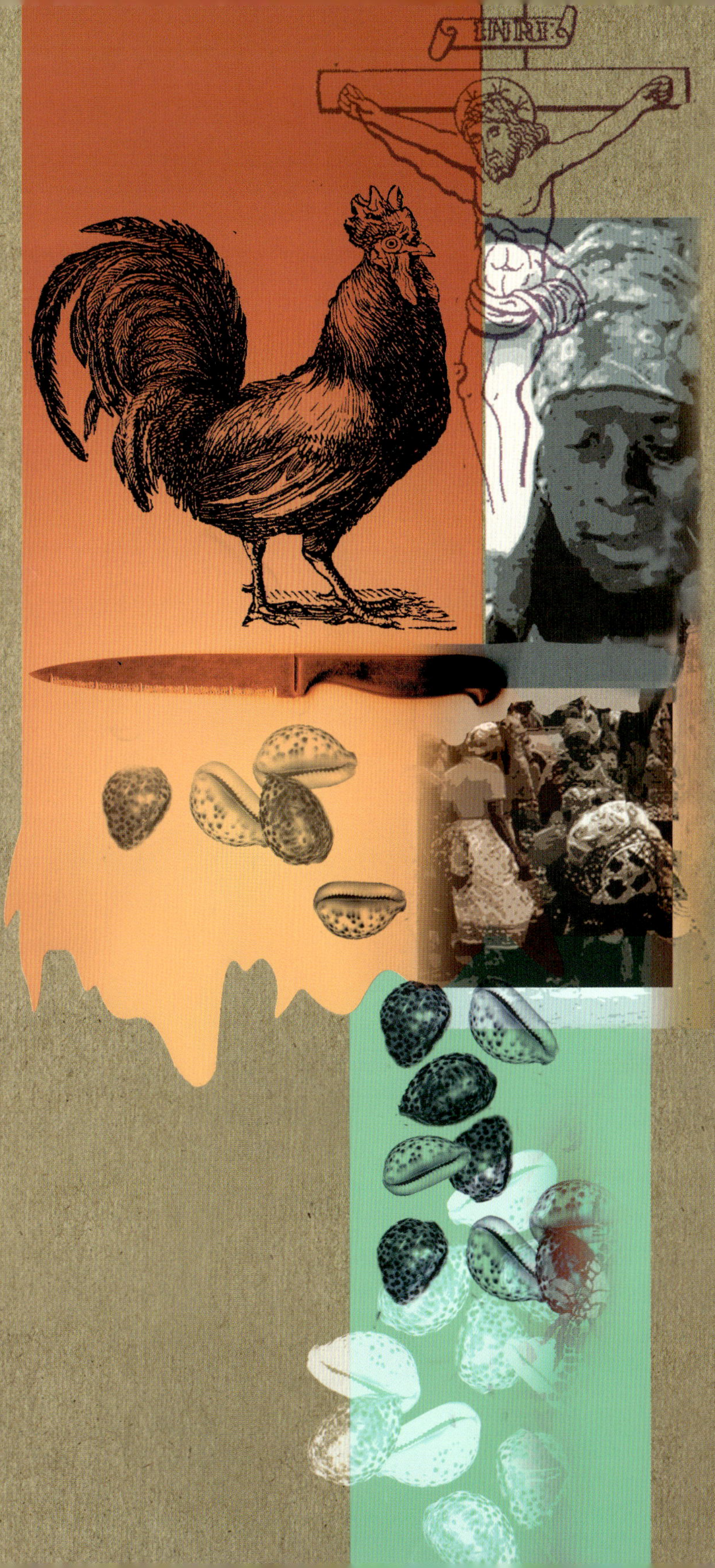
INRI

MOVIMENTO HARE KRISHNA

A Sociedade Internacional para a Consciência de Krishna (ISKCON) acredita que a divindade hindu Krishna é a manifestação suprema de Deus, várias vezes reencarnada ao longo da história, por exemplo como Rama e como Buda. Recentemente, ele veio ao mundo como Chaitanya Mahaprabhu (1486-1533), que ensinou a salvação por meio da devoção (*bhakti*). Os membros da ISKCON expressam seu amor a Krishna com práticas que incluem dança e pregação pública e a repetição de um mantra de dezesseis palavras extraído dos Upanishads que começa com "Hare Krishna" ("Hare" refere-se à energia de Deus). Por meio dessas atividades, a lei do carma e o ciclo das reencarnações são superados, mas o devoto comum deve ficar sob a orientação de um guru reconhecido dentro do movimento e seguir preceitos morais. Acredita-se que as palavras de Krishna estão registradas no Bhagavad Gita, e os adeptos consideram que a mais pura tradução e o comentário mais autorizado foram feitos por A. C. Bhaktivedanta Swami Prabhupada, que fundou a ISKCON nos Estados Unidos em 1966. A ISKCON é famosa por prover refeições gratuitas (tanto como ato de caridade para os necessitados quanto como promoção das virtudes do vegetarianismo) e por fazer distribuição em massa de sua literatura religiosa.

CRENÇA
A devoção sincera a Krishna, expressa por meio de canto, serviço e vida correta, irá levar à consciência de Deus.

PRÁTICA
Apesar de seus preceitos morais conservadores e do viés patriarcal, a ISKCON exerceu forte apelo nos adeptos da contracultura da década de 1960, entre eles o beatle George Harrison. No entanto, após a morte de Prabhupada, a organização foi afetada por escândalos de seus gurus, expulsos por se envolverem em sexo ilícito e uso de drogas. Embora Prabhupada encarasse a religião em termos universais, a ISKCON passou a dar ênfase às suas raízes hinduístas, e hoje hindus não filiados à ISKCON também frequentam os templos do movimento.

TEMA RELACIONADO
HINDUÍSMO
p. 32

DADOS BIOGRÁFICOS
A. C. BHAKTIVEDANTA SWAMI PRABHUPADA
1896-1977

GEORGE HARRISON
1943-2001

RAVINDRA SVARUPA DASA
William H. Deadwyler
c. 1946

CITAÇÃO
Richard Bartholomew

Os adeptos do Hare Krishna cultuam Krishna como Senhor Supremo e buscam promover a espiritualidade, a paz e a unidade.

ॐ

कृष्ण हरे
कृष्ण ह
प हरे

CHEONDOÍSMO

Os adeptos do cheondoísmo acreditam que o Soberano do Céu, Sangje, revelou-se a um jovem estudioso coreano chamado Ch'oe Che'u em 1860. Sangje, então, transmitiu a Ch'oe Che'u uma frase enigmática, que a pessoa deve anotar num papel para em seguida engoli-lo, pois isso tem o dom de curar doenças e de proporcionar longa vida. Os cheondoístas acreditam também que a repetição dessa frase no culto ajuda os humanos a colocarem seus pensamentos e ações em harmonia com o céu. Além disso, os humanos devem trabalhar para construir um paraíso na terra, e isso tem sido entendido como apoiar o nacionalismo coreano. O ensinamento transmitido é caracterizado como "Saber Oriental" (*Tonghak*, que é o nome original da religião), em oposição proposital ao chamado "Saber Ocidental" (*Sohak*), que é identificado com o catolicismo. No entanto, embora o nome "Sangje" venha do taoismo chinês, a religião tem uma oração básica que emprega o termo católico para Deus, "Chonju", e o estilo do culto e a própria arquitetura dos templos sugerem influências do protestantismo. O nome atual da religião, adotado em 1905, significa "Religião do Caminho Celestial".

CRENÇA
Os humanos e o céu são uma unidade, e podemos perceber essa verdade reverenciando o Soberano do Céu e repetindo uma frase sagrada.

PRÁTICA
O cheondoísmo mistura a religião chinesa com o xamanismo coreano no contexto de uma identidade coreana nacionalista. Ch'oe Che'u foi executado por traição em 1864, e líderes do grupo comandaram insurreições contra governantes corruptos na década de 1890. Um líder posterior, Son Pyong-hui, ajudou a escrever a Declaração Coreana de Independência, e na década de 1960 membros da religião se destacaram nas manifestações patrióticas em favor do governo na Coreia do Sul.

TEMAS RELACIONADOS
ANIMISMO
p. 18
BUDISMO
p. 36
TAOISMO
p. 48

DADOS BIOGRÁFICOS
CH'OE CHE'U
1824-1864
CH'OE SIHYONG
1827-1898
SON PYONG-HUI
1861-1922

CITAÇÃO
Richard Bartholomew

A repetição de uma frase sagrada transmitida pelo Soberano do Céu cria para os chendoístas harmonia entre o céu e a terra.

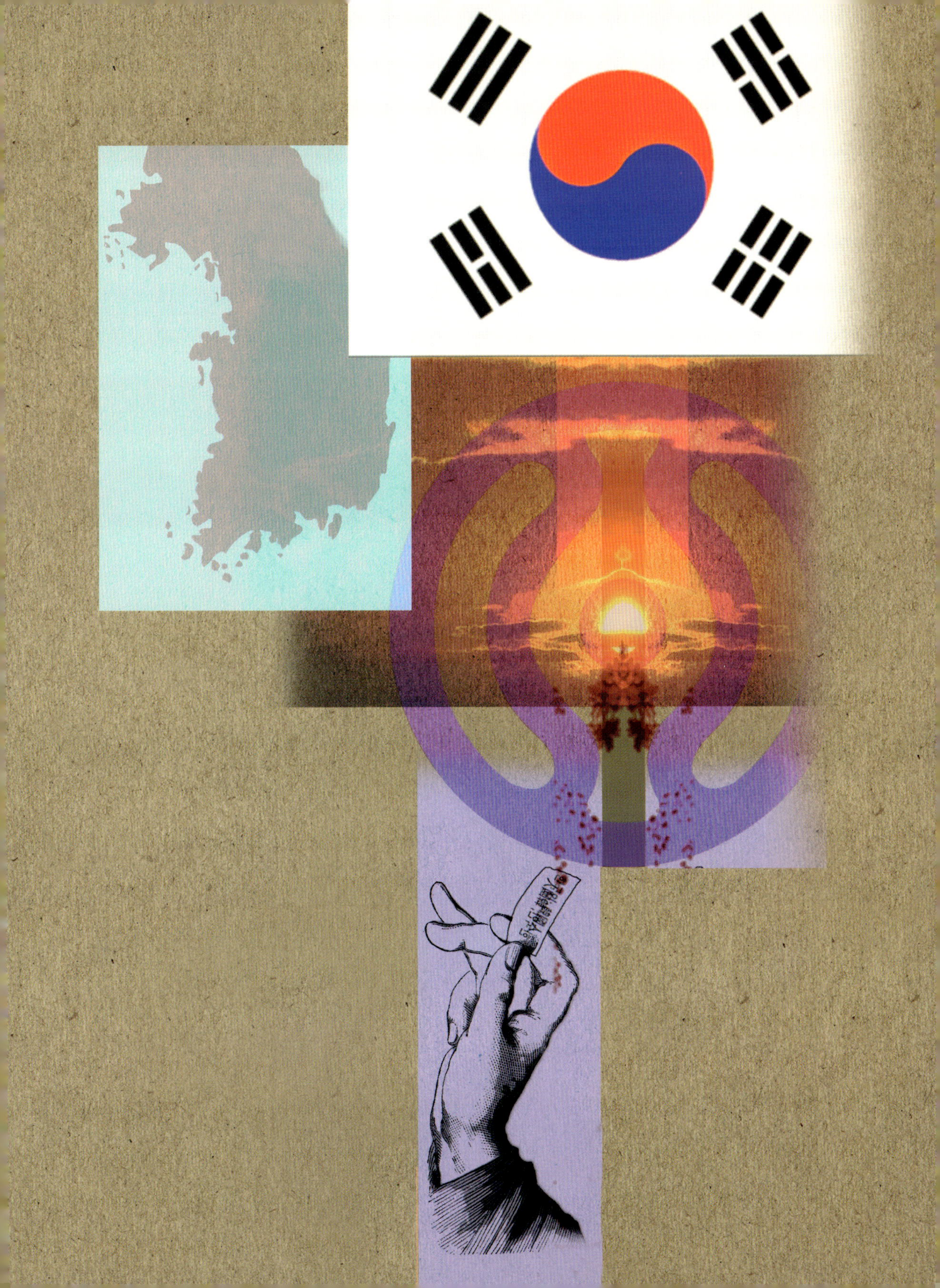

TENRIKYO

Adeptos da Tenrikyo acreditam

que a partir de 1838 Deus Pai (Tenri-O-no-mikoto) começou a revelar-se por meio de Nakayama Miki, a esposa de um fazendeiro que foi declarada "Santuário de Deus" e "Oyasama", que significa "Origem". Deus Origem transmitiu por meio de Oyasama a promessa de que, após vários renascimentos, os humanos irão por fim experimentar uma era em que todos desfrutarão uma "vida jubilosa"; o sofrimento se deve à causação (*innen*, ou destino cármico). O caminho para a "vida jubilosa" é expressar gratidão pela vida que Deus nos emprestou, compreender que todas as pessoas são irmãs e afastar-se das "poeiras" negativas, como a inveja ou o ódio que se instalam em nossa mente e causam o egoísmo. Oyasama corporificou o caminho ao doar a riqueza de sua família e assumir a pobreza. Deus Origem mais tarde revelou que um local na histórica área central do Japão é o centro do Universo; esse local, hoje na cidade de Tenri, em Nara, é onde reside Deus Origem, e onde a humanidade foi criada. Hoje, é um lugar de peregrinação, venerado com uma dança sagrada. Os descendentes homens de Oyasama atualmente dirigem a religião.

CRENÇA
Deus Origem quer que os humanos façam parte da "vida jubilosa" por meio do aprimoramento moral.

PRÁTICA
A Tenrikyo tem elementos do xamanismo popular e do budismo, e, apesar de sua ênfase no Japão como centro do Universo, é uma religião que propõe uma mensagem para o mundo todo. Também compartilha aspectos do xintoísmo, e de 1908 a 1970 foi formalmente assimilada pelo Estado como uma forma de xintoísmo. Durante seu tempo de vida, a mensagem de igualdade de Oyasama e sua liderança feminina foram vistas com suspeição e até com hostilidade pelas autoridades japonesas.

TEMAS RELACIONADOS
BUDISMO MAHAYANA
p. 40
XINTOÍSMO
p. 54
SHINSHUKYO
p. 150

DADOS BIOGRÁFICOS
NAKAYAMA MIKI
1798-1887

IBURI IZO
1833-1907

CITAÇÃO
Richard Bartholomew

Fazendo eco à crença budista na reencarnação, a Tenrikyo promete a "vida jubilosa" a quem conseguir se livrar das tendências negativas.

天理市

NOVAS RELIGIÕES

NOVAS RELIGIÕES
GLOSSÁRIO

Babilônia A mais importante cidade da antiga Mesopotâmia, localizada no rio Eufrates, 80 quilômetros ao sul de Bagdá. Foi capital do Império Babilônico a partir de 612 a.C. Para os rastafáris, a Babilônia é um símbolo da opressão dos negros pelos brancos, assim como os judeus foram oprimidos durante o domínio persa da cidade em 538-332 a.C.

dreadlocks Cabelos compridos, torcidos e embaraçados em longas mechas que parecem cordas. Embora também adotados por outras religiões, os *dreadlocks* são mais associados aos rastafáris, que usam os *dreads* como expressão de crença religiosa e para afirmar sua identidade negra. Várias passagens da Bíblia são citadas para apoiar a prática, entre elas Levítico 21:5 e Números 6:5.

livity Traduzido como "fé vivente", indica o modo de vida rastafári, que implica rejeitar a Babilônia – ou o modo de vida moderno – não pagando impostos, comendo alimentos sem aditivos, evitando álcool e café, fumando maconha, adotando uma dieta vegetariana (ou no mínimo não comendo carne de porco nem frutos do mar) e usando *dreadlocks*. O *éthos* rastafári tem sido criticado por sua atitude negativa em relação a mulheres e a homossexuais.

Lúcifer A palavra "Lúcifer" deriva do latim *lux* ("luz") e *ferre* ("levar") e significa o "portador de luz". Originalmente referia-se à estrela da manhã. O termo foi usado no Novo Testamento para se referir a um rei babilônico destronado (Isaías 14:3-20) e só depois foi aplicado ao diabo. Hoje, a palavra é usada para indicar Satã, o diabo, e Belzebu.

Messias O salvador dos judeus, cuja chegada é anunciada no Antigo Testamento. Para os cristãos, Jesus cumpriu as profecias e se tornou o Messias. Em geral, o termo é usado para indicar qualquer figura de salvador. Vem do hebreu *masiah*, que significa "o ungido".

olho divino O símbolo da religião Cao Dai; um olho esquerdo dentro de um círculo ou triângulo. O olho tem a função de lembrar os adeptos de que o Ser Supremo é "onividente" e "onisciente" e que todas as ações estão sendo observadas. A escolha do esquerdo é porque representa o aspecto yang, ou o espírito santo, que olha pela humanidade.

qigong Arte marcial chinesa que combina meditação e movimento. A técnica toda tem 460 movimentos, que envolvem visualizações e exercícios de respiração. Nasceu na China em 1122 a.C. e tem por meta harmonizar a mente e o corpo. Do chinês *qi* ou *chi* ("energia") e *gong* ("cultivo").

reencarnação Similar ao conceito budista de renascimento, exceto pelo fato de ser aplicado a uma alma individual, e não a um conceito mais geral de "consciência evolutiva". A ideia é central na maioria das religiões orientais, como hinduísmo, jainismo e siquismo.

Ser Supremo Deus, na religião Cao Dai. O termo é usado para evitar quaisquer associações de gênero, raça ou religião, embora seja explicitamente o mesmo deus cultuado por todas as demais religiões. O objetivo da Cao Dai é unir todos os fiéis em um ser supremo.

Sião Originalmente, uma montanha em Jerusalém conquistada por Davi, mas também um termo geral para terra prometida. Para os rastafáris, Sião está localizada na Etiópia.

sincretismo Fusão de diferentes fés, em geral implicando uma nova fusão bem-sucedida. O espiritismo cristão é um exemplo. O bahaísmo, que aceita Maomé, Jesus, Moisés, Buda, Zoroastro e Abraão como profetas, é considerado outra religião, tendo seu próprio profeta, Bahá'u'lláh, e suas escrituras sagradas.

supremacia negra A crença de que os negros são superiores a outras raças. No seu extremo, trata-se de uma ideologia racista que estimula o ódio a qualquer um que não tenha ancestralidade africana, especialmente brancos e judeus. No entanto, alguns historiadores sugerem que a supremacia negra é simplesmente uma reação ao racismo dos brancos. Organizações-chave na promoção da supremacia negra são a Nação do Islã, formada em 1930, e o Partido dos Panteras Negras, criado em 1966.

Thetan Segundo a cientologia, é a essência da vida, similar à alma em outras religiões. Os thetans vieram à existência por vontade própria há trilhões de anos e criaram o mundo físico para se divertirem. Mas acabaram esquecendo sua verdadeira natureza e ficaram presos a seus corpos físicos. A meta da cientologia é devolvê-los ao seu estado original de "autodeterminismo".

Thetan Operacional Segundo a cientologia, o nível espiritual acima de "Claro". Depois de passarem por uma auditoria, os humanos alcançam o estado "Claro". Em seguida, com mais estudo, podem chegar a Thetans Operacionais. A partir daí, passam por vários estágios: os OTI VII são estágios preliminares antes que a pessoa chegue de fato a ser Thetan Operacional no nível OT VIII, quando a verdade toda lhe é revelada.

MOVIMENTO JOHN FRUM

Para seus adeptos, John Frum

é Deus; dizem que ele divide seu tempo entre os Estados Unidos e Yasur, um vulcão na ilha de Tanna, em Vanuatu, Pacífico Sul. Ele ficou conhecido entre os habitantes locais na década de 1930, ao ter uma visão que o incitava a rejeitar o cristianismo e a moeda colonial, e a promover uma volta à *kastom* — a cultura tradicional. Eram os costumes e tradições dessa cultura que os missionários haviam proibido, como tomar uma bebida inebriante chamada *kava*. Os adeptos acreditam que os eventos subsequentes justificaram sua fé: a Segunda Guerra Mundial trouxe marinheiros de branco para a ilha, junto com maravilhas tecnológicas. Embora esses americanos partissem após o fim da guerra, John Frum prometeu voltar um dia com um grande carregamento dos Estados Unidos. Os adeptos oferecem preces a Frum, e todo ano celebram o Dia de John Frum; nas cerimônias, hasteia-se a bandeira dos Estados Unidos e há desfiles em uniformes que imitam o americano, e réplicas de motosserras são brandidas simbolicamente para preparar espaço para a construção de fábricas. Membros do movimento abriram uma pista de pouso com torres de controle feitas de bambu, à espera da chegada da carga.

CRENÇA
John Frum é Rei da América e irá transformar a ilha de Tanna em uma utopia, restaurando os costumes tradicionais e trazendo uma rica carga.

PRÁTICA
O Movimento John Frum é classificado como um "culto da carga". Seus adeptos, porém, não são motivados apenas por um desejo de bens materiais: o movimento começou como protesto contra a dominação colonial. A relação dele com as autoridades de Vanuatu é tensa. Paradoxalmente, o movimento defende a *kastom* apropriando-se de símbolos de tecnologia e dos Estados Unidos, e rejeita o cristianismo, embora adapte crenças cristãs milenaristas sobre a chegada de um Novo Mundo.

DADOS BIOGRÁFICOS
NAMBAS
década de 1950

NAKOMAHA
década de 1950

ISAAK WAN
atualmente

FRED NESSE
atualmente

CITAÇÃO
Richard Bartholomew

Os seguidores acreditam que John Frum, Rei da América, irá voltar trazendo riqueza e resgatando os costumes tradicionais.

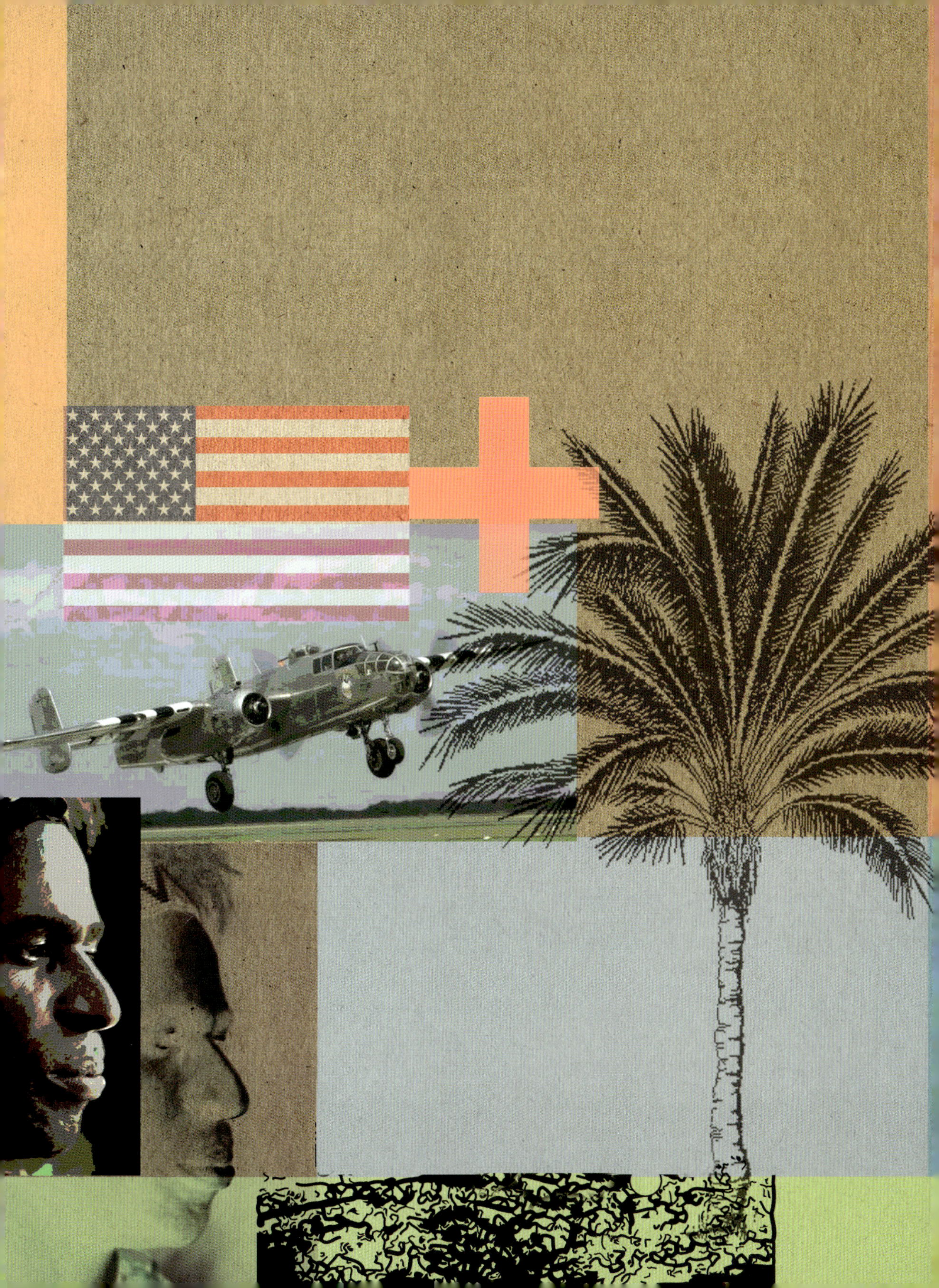

FALUN GONG

A Falun Gong é baseada nos ensinamentos de Li Hongzhi, um ex-músico que é visto pelos seguidores como um mestre do *qigong*, uma forma chinesa de meditação e exercício usada para cura e para aumentar o potencial humano. Li parte do budismo e do taoismo populares e vincula a saúde ao carma, por meio do qual as ações de uma pessoa em vidas passadas afetam sua existência presente. O carma é uma substância negra dentro do corpo, que por meio do sofrimento ou da prática de uma vida correta pode ser clareada. Os seguidores têm que ler os escritos de Li, desfazer-se de seus "apegos" e praticar os exercícios que ele prescreve; alguns adeptos desenvolvem poderes paranormais, e Li afirma ter uma compreensão do Universo maior do que a proporcionada pela ciência. Isso inclui o conhecimento de que os alienígenas existem e de que o mundo tem sido destruído e recriado várias vezes e está prestes a passar de novo por esse processo. Para os seguidores, um sinal de que isso está iminente é a repressão que vêm sofrendo na China desde 1999; Li diz que aqueles que sofrem ou morrem por sua crença receberão a iluminação instantânea. Seus membros têm realizado protestos silenciosos em Pequim e diante de embaixadas chinesas no exterior.

CRENÇA
Certos exercícios podem transformar o corpo e revelar o lugar da pessoa no Universo; um novo ciclo mundial de destruição e renovação é iminente.

PRÁTICA
Na República Popular da China, a Falun Gong é tida como um "culto herético" que explora seus membros, causa mortes e é uma ameaça à sociedade. Seus praticantes têm sido detidos e enviados a campos de concentração, embora as alegações de coleta de órgãos difundidas pela mídia da Falun Gong, como o *Epoch Times,* ao que parece não tenham fundamento. Em 2001, Li recebeu um prêmio da Freedom House, uma importante organização americana de direitos humanos, como "defensor dos direitos religiosos".

TEMAS RELACIONADOS
BUDISMO
p. 36
TAOISMO
p. 48

DADOS BIOGRÁFICOS
LI HONGZHI
1952-

CITAÇÃO
Richard Bartholomew

Adeptos da Falun Gong buscam iluminar-se por meio da prática do qigong *e dos ensinamentos de Li Hongzhi.*

眞 善 忍

IGREJA DA UNIFICAÇÃO

Os unificacionistas acreditam que o plano de Deus é fazer com que seu amor se manifeste como uma trindade perfeita de Deus, homem e mulher, expressa por meio da "família ideal". O vínculo entre humanos e Deus foi rompido quando Eva, a primeira mulher, teve intercurso com o anjo Lúcifer, e depois com o primeiro homem. Jesus veio restaurar a trindade montando uma família, mas foi crucificado antes de completar sua obra. Sun Myung Moon (nascido na Coreia em 1920 e morto em 2012) afirmava ser o Messias que retorna como "Verdadeiro Pai", e que sua mulher é a "Verdadeira Mãe". Os adeptos acreditam que seu vínculo com Deus é restaurado quando participavam de uma cerimônia de casamentos em massa dirigida pelo reverendo Moon, com um parceiro escolhido pela Igreja. O fato de muitos casais unificacionistas serem internacionais ou inter-raciais seria sinal de que a humanidade é uma família, e Moon ensinava que seus filhos nascerão sem o pecado original herdado de Adão e Eva. O reverendo advertia que os órgãos sexuais humanos são preciosos e devem ser usados de modo adequado; "amor livre" e homossexualidade devem desaparecer. Esses ensinamentos são chamados de "Princípio Divino". Moon não acreditava ser Deus, e seus adeptos fazem objeção a serem chamados de "Moonies".

CRENÇA
O casamento perfeito do Messias restaura o vínculo da humanidade com Deus; o reverendo Moon é o "Verdadeiro Pai" que conclui a obra de Jesus.

PRÁTICA
Embora a teologia da Igreja da Unificação divirja do cristianismo tradicional, Moon foi criado como presbiteriano e encara sua teologia como cristã. As organizações fundadas pela igreja promovem atividades entre fés diferentes, e a ênfase de Moon no casamento tem atraído alguns clérigos católicos africanos cuja própria igreja exige o celibato de seus padres. Os pais de Moon haviam sido confucionistas antes de se tornarem cristãos, e o acadêmico Ninian Smart descreveu os ensinamentos do reverendo como "confucionismo evangélico".

TEMAS RELACIONADOS
CONFUCIONISMO
p. 50
CALVINISMO
p. 90

DADOS BIOGRÁFICOS
SUN MYUNG MOON
"Verdadeiro Pai"
1920-2012

HAK JA HAN MOON
"Verdadeira Mãe"
1943-

HYO JIN MOON
1962-2008

HYUN JIN (PRESTON) MOON
1969-

CITAÇÃO
Richard Bartholomew

Cerimônias de casamento em massa simbolizam a reunificação entre Deus, homem e mulher — a trindade perfeita.

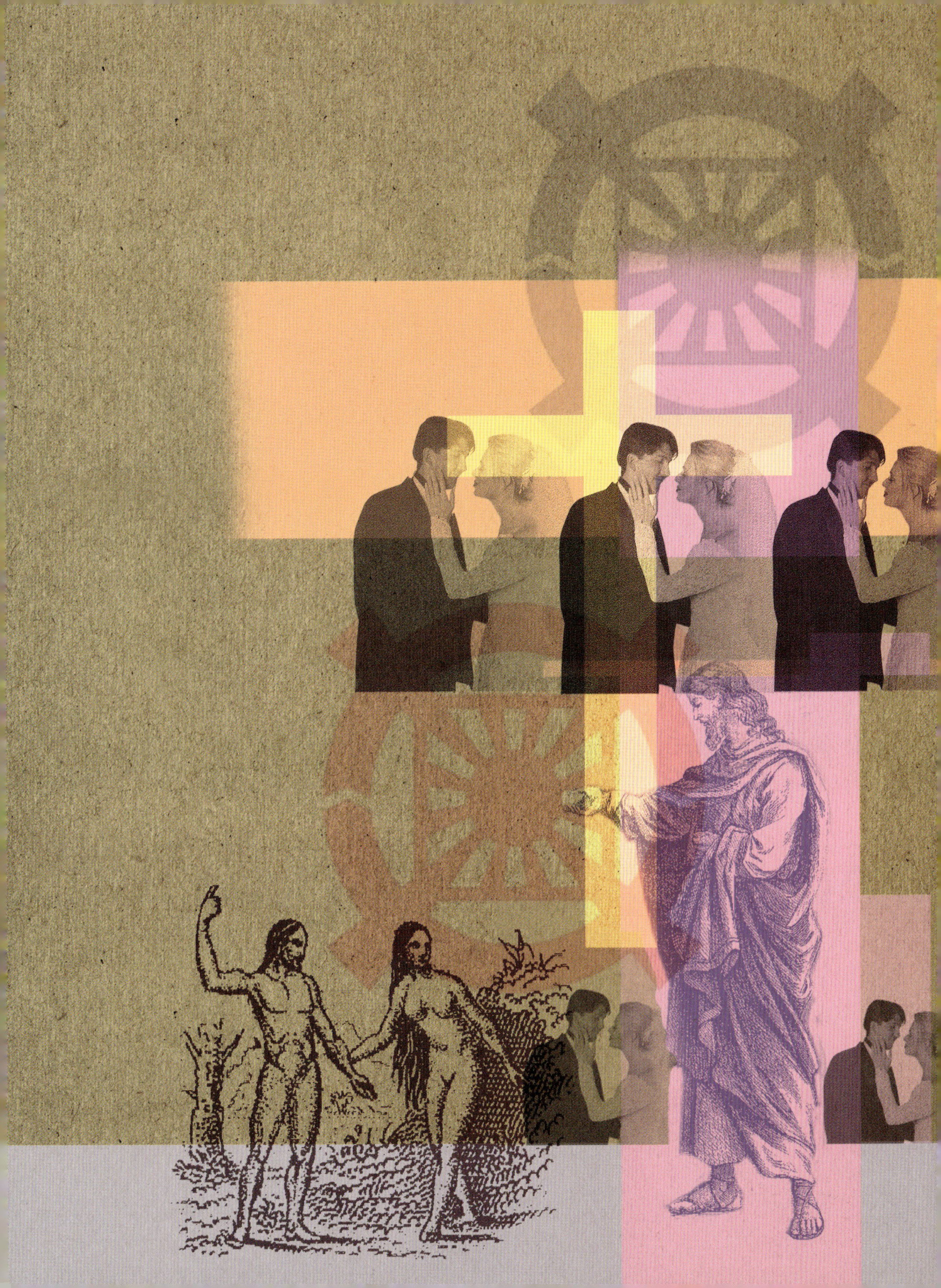

CAO DAI

A Cao Dai foi criada no Vietnã do Sul em 1926. Ela ensina que os fundadores religiosos e outras grandes figuras do passado representam as duas primeiras eras de comunicação divina com o mundo. A Terceira Era foi revelada a um funcionário público vietnamita, Ngo Minh Chieu, ao ter contato com um espírito chamado Cao Dai durante uma sessão espírita; o nome significa "Torre sem Teto" e se refere ao "Ser Supremo". Os adeptos acolhem outros ensinamentos transmitidos por médiuns, seja diretamente por Cao Dai ou por vários espíritos dos mortos. Um desses espíritos é o do escritor francês Victor Hugo, que dizem ter sido o mensageiro do Ser Supremo para o Ocidente. O clero é dividido em três subgrupos que representam o budismo, o confucionismo e o taoismo e se organiza em uma estrutura tomada de empréstimo da Igreja Católica (embora não haja nenhum papa no momento e sejam concedidos alguns postos a mulheres). O Ser Supremo é simbolizado por um olho esquerdo, chamado de Olho Divino, e algumas figuras importantes como Buda e Jesus estão no grupo de divindades logo abaixo do nível de Cao Dai. Os adeptos dessa religião acreditam no carma e buscam acumular méritos por meio da prática religiosa e do serviço à sociedade, a fim de escapar do ciclo de reencarnações.

CRENÇA
Essa é a Terceira Era da Salvação; as religiões se unem no culto ao Ser Supremo e há comunicação com o mundo espiritual.

PRÁTICA
A Cao Dai representa uma síntese modernizadora, e no seu início teve forte apelo entre os vietnamitas cultos que viviam sob o domínio colonial; essa perspectiva moderna dá ênfase ao contato com espíritos, já que os fenômenos paranormais do Ocidente têm sido vistos em alguns círculos como possuidores de base científica. A Cao Dai também é associada ao anticolonialismo, e as festas e exposições da religião têm celebrado o progresso e a evolução espiritual, mostrando seus membros exercendo profissões modernas.

TEMAS RELACIONADOS
BUDISMO
p. 36
TAOISMO
p. 48
CONFUCIONISMO
p. 50
ESPIRITISMO
p. 122

DADOS BIOGRÁFICOS
LE VAN TRUNG
1875-1934
NGO MINH CHIEU
1878-1932
PHAM CONG TAC
1890-1959

CITAÇÃO
Richard Bartholomew

Utilizando elementos do budismo, a Cao Dai passa ensinamentos do Ser Supremo a fim de levar seus seguidores a romper com o ciclo de reencarnações.

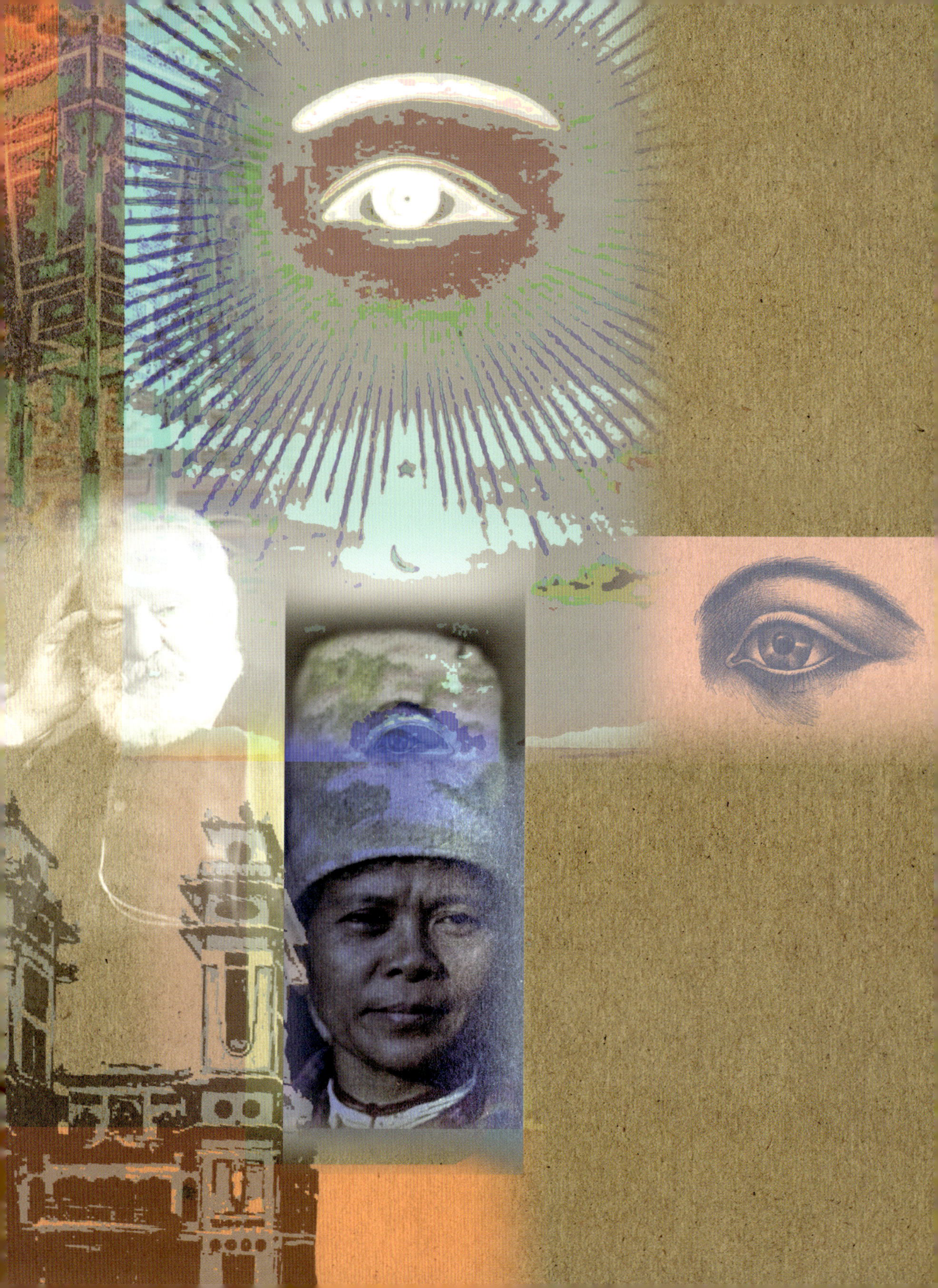

CIENTOLOGIA

Segundo L. Ron Hubbard, em seu livro *Dianética* (1950), os humanos são limitados pelos "engramas", más experiências gravadas no inconsciente que afetam o comportamento. Às vezes são experiências que remontam ao útero materno ou a vidas passadas. Os engramas podem ser removidos por meio de um processo chamado "auditoria" — que envolve responder a perguntas, usando o livro da religião ou com a pessoa em um ambiente profissional, ligada a um dispositivo inventado por Hubbard, o E-Meter. Há uma rejeição à psiquiatria, considerada danosa, em particular por usar medicamentos. Os que concluem o processo são chamados de "Claros". O ensinamento subsequente de Hubbard é que um "Claro" pode desenvolver o eu interior, chamado de "Thetan". A meta de um cientologista é tornar-se um Thetan Operacional (TO) e depois avançar vários níveis. No TO III, ele descobre que os Thetans foram trazidos à terra por Xenu, um ditador galáctico, em circunstâncias traumáticas, há 75 milhões de anos. Mas os cientologistas acham que tal informação é perigosa para os despreparados e que só faz sentido quando revelada em contexto ritual. Hubbard descobriu isso em pesquisas científicas, não por revelação, embora alguns cientologistas encarem a história como alegoria. Hubbard é venerado como grande escritor, inventor e pesquisador.

CRENÇA
A atuação e o saber humano podem ser muito aprimorados, e com esse progresso vem maior desenvolvimento pessoal, a partir do conhecimento secreto da história do Universo.

PRÁTICA
Hubbard teria dito na década de 1940 que queria criar uma religião para ganhar muito dinheiro, e os céticos alegam que a cientologia não é uma verdadeira religião. A igreja tem atitude agressiva com quem a critica, e nos anos 1970 recebeu acusações de praticar atos criminosos na defesa de seus interesses, em mais de um país. Recentemente, ativistas anticientologia do grupo "Anônimos", usando máscaras, fizeram manifestações diante de estabelecimentos da cientologia.

DADOS BIOGRÁFICOS
L. RON HUBBARD
1911-1986

MARY SUE HUBBARD
1932-2002

MICHAEL MISCAVAGE
1960-

CITAÇÃO
Richard Bartholomew

Depois de se livrar dos maus engramas, a pessoa, como um "Claro", supera vários estágios e lhe é revelada a verdadeira história do Universo.

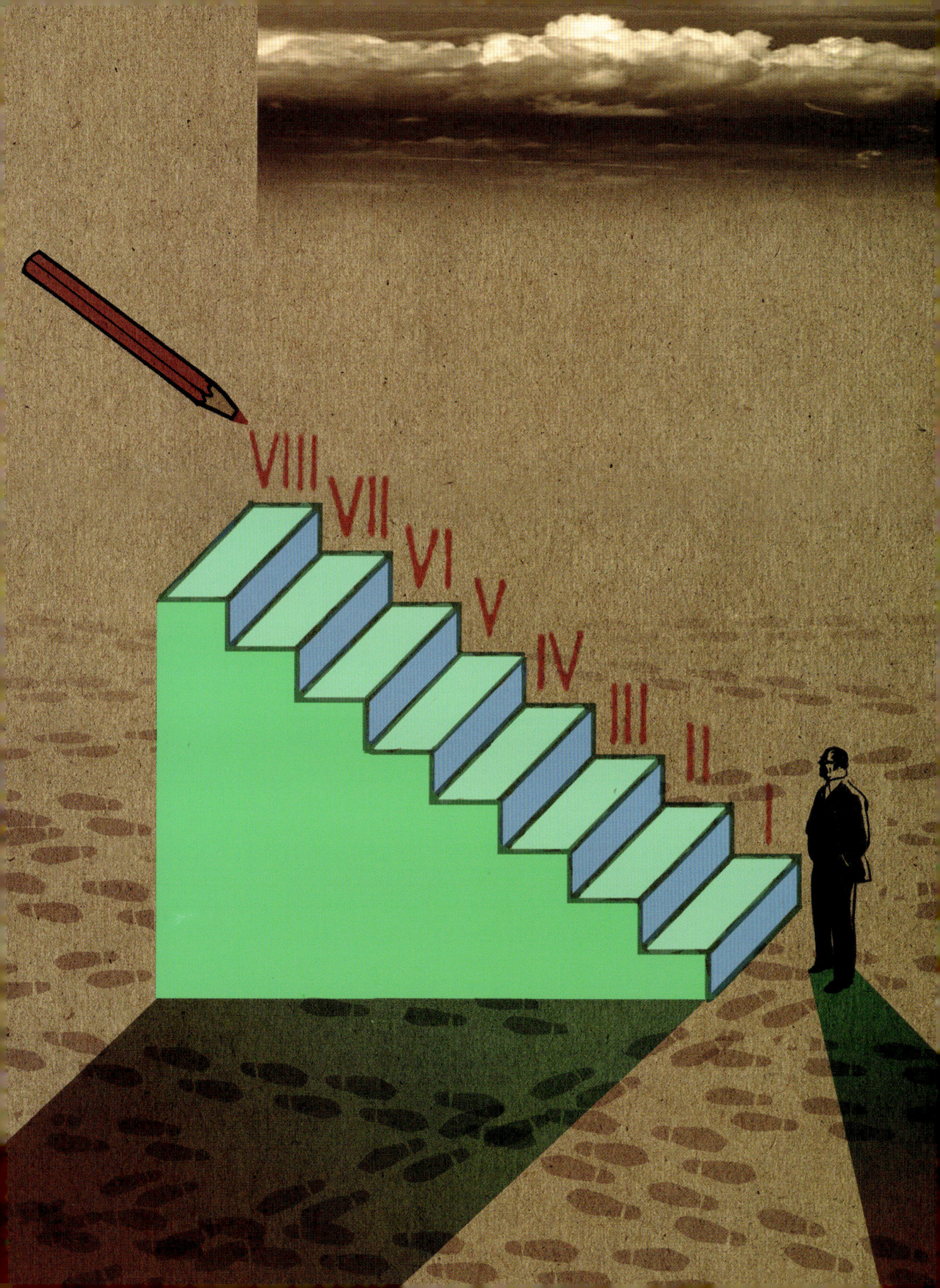
VIII
VII
VI
V
IV
III
II
I

MOVIMENTO RASTAFÁRI

O movimento rastafári começou na Jamaica, quando a coroação de Ras Tafari como imperador Hailé Selassié da Etiópia, em 1930, foi interpretada como um evento profético por alguns jamaicanos negros. Enquanto o Caribe e a maior parte da África viviam sob domínio colonial branco, a Etiópia transformava-se em uma nação africana negra soberana e independente, e Hailé Selassié, como um Deus, iria restaurar a supremacia negra e trazer os negros de volta à África. A Bíblia, ao lado de outros textos, foi interpretada à luz da situação dos negros: assim como o antigo império babilônico havia oprimido os judeus, os brancos eram agora a "Babilônia" que oprimia o povo eleito negro, equiparado a israelitas reencarnados, e a Etiópia virou Sião. Os fiéis expressam sua identidade por meio da "livity", ou "fé vivente", um modo de vida que enfatiza a naturalidade. O cabelo é trançado em *dreadlocks*, a dieta é vegetariana, e adota-se a medicina de ervas; fumar *ganja* (maconha) é considerado um sacramento que traz cura espiritual. A linguagem é adaptada para a experiência rastafári: a dignidade e a subjetividade humanas são expressas pelo uso do "I" ("eu") em vez do jamaicano crioulo "mi" ("mim"), e a essência divina de cada pessoa é chamada "I and I" ("eu e eu").

CRENÇA
Deus redime o povo negro da opressão branca e veio à Terra como Hailé Selassié, o imperador da Etiópia.

PRÁTICA
A figura de Hailé Selassié (que morreu em 1975) não é mais central para muitos rastafáris, e a ideia de um retorno à África é com frequência vista simbolicamente em termos de autoexpressão dentro das sociedades de maioria branca. O que se enfatiza é a libertação pessoal, não a supremacia negra, e existem hoje também rastafáris brancos. No entanto, apesar da ênfase na libertação, a religião continua patriarcal, e as mulheres rasta têm se queixado de sua posição subalterna dentro do movimento.

DADOS BIOGRÁFICOS
HAILÉ SELASSIÉ
1892-1975

JOSEPH HIBBERT
1894-?

MARCUS GARVEY
1887-1940

LEONARD PERCIVAL HOWELL
1898-1981

ARCHIBALD DUNKLEY
década de 1930

BOB MARLEY
1945-1981

CITAÇÃO
Richard Bartholomew

Deus, manifestado como o imperador Hailé Selassié, desceu à Terra para ajudar a despertar a consciência negra.

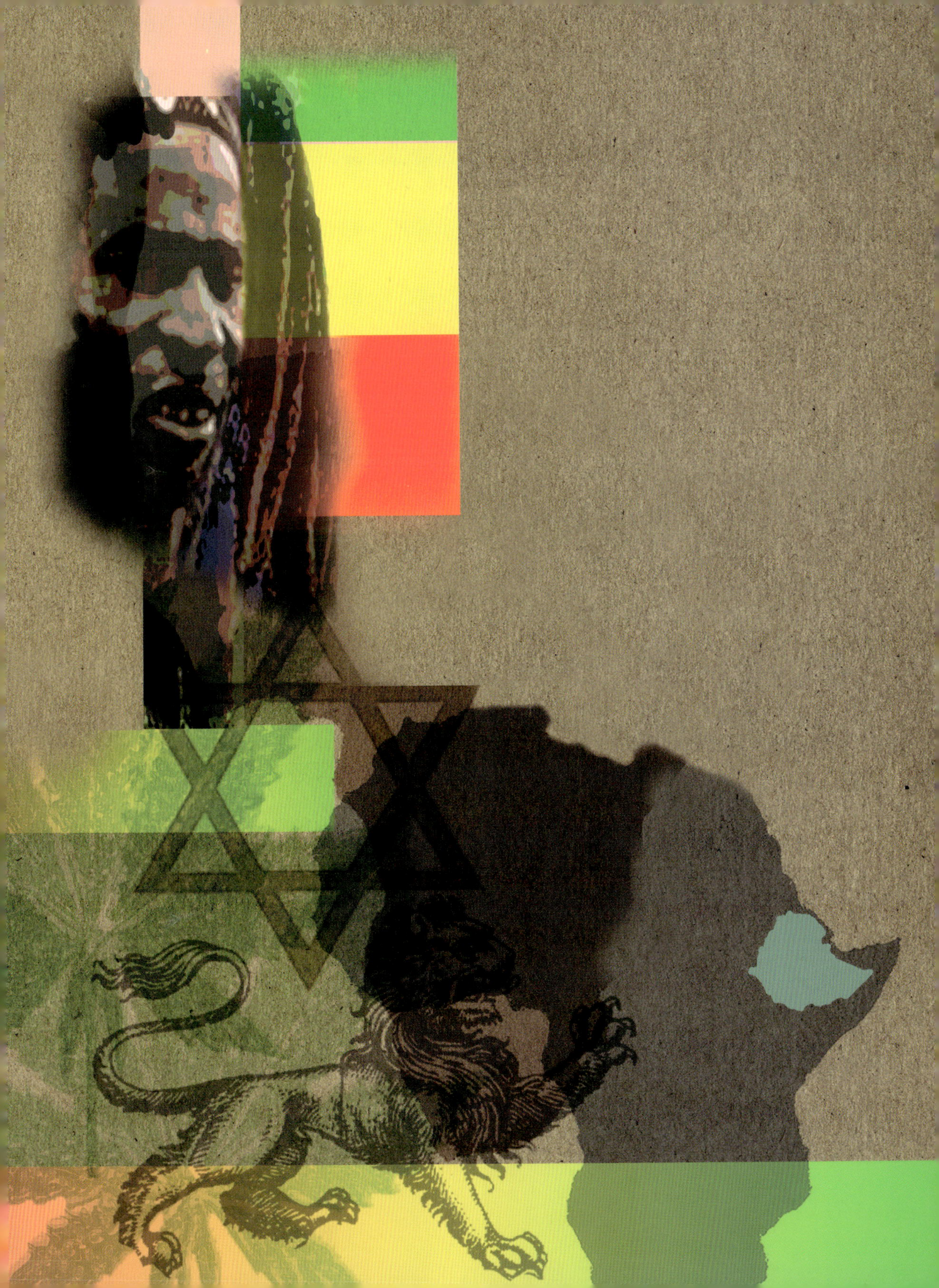

SHINSHUKYO

A religião japonesa é marcada por sincretismo e descentralização: em geral, o nascimento é celebrado por uma cerimônia xintoísta e a morte, por rituais budistas. "Shinshukyo" significa "novas religiões", mas muitos grupos sob essa denominação incorporam vários aspectos dessa antiga e diversificada herança religiosa, reinterpretada por algum indivíduo. Esses fundadores e líderes religiosos fazem a religião se mostrar para os adeptos como algo relevante no mundo atual, e as organizações que divulgam seus ensinamentos empregam novos padrões de filiação religiosa. Alguns líderes, adotando aspectos xamanísticos da religião japonesa, canalizam mensagens de um deus e têm poderes sobrenaturais, como a cura. Outros são venerados como mestres de excepcional visão; uma nova religião pode ter um fundador do primeiro tipo, sucedido por um líder do segundo tipo. As novas religiões japonesas tendem a focalizar as preocupações deste mundo, como a saúde e o sucesso pessoal. A mais bem-sucedida das novas religiões japonesas é a Soka Gakkai, que enfatiza a tradicional prática budista de cantar o texto sagrado do Sutra do Lótus, mas ensinando que isso traz benefícios concretos, materiais e espirituais. Algumas novas religiões também assimilam ideias do cristianismo ou da cultura popular.

CRENÇA
A religião no Japão vem se renovando e ganhando relevância com as revelações e vislumbres de fundadores e mestres.

PRÁTICA
Novas religiões em geral são vistas com suspeição ou ridicularizadas pela maior parte da sociedade, e os relatos da mídia sobre as novas religiões japonesas costumam focalizar grupos mais excêntricos, com líderes que, para quem vê de fora, soam desonestos ou iludidos. As novas religiões no Japão têm sido menos toleradas após o ataque terrorista em Tóquio em 1995, quando Aum Shinrikyo soltou gás venenoso em uma estação de metrô por acreditar na iminência do fim do mundo.

TEMAS RELACIONADOS
BUDISMO MAHAYANA
p. 40
XINTOÍSMO
p. 54
TENRIKYO
p. 132

DADOS BIOGRÁFICOS
NAKAYAMA MIKI
1798-1887
KAWATE BUNJIRO
1814-1883
DEGUCHI NAO
1836-1918
DAISAKU IKEDA
1928-
SHOKO ASAHARA
1955-

CITAÇÃO
Richard Bartholomew

As novas religiões do Japão têm por base o budismo e o xintoísmo, mas reinterpretados para o Japão moderno por líderes influentes.

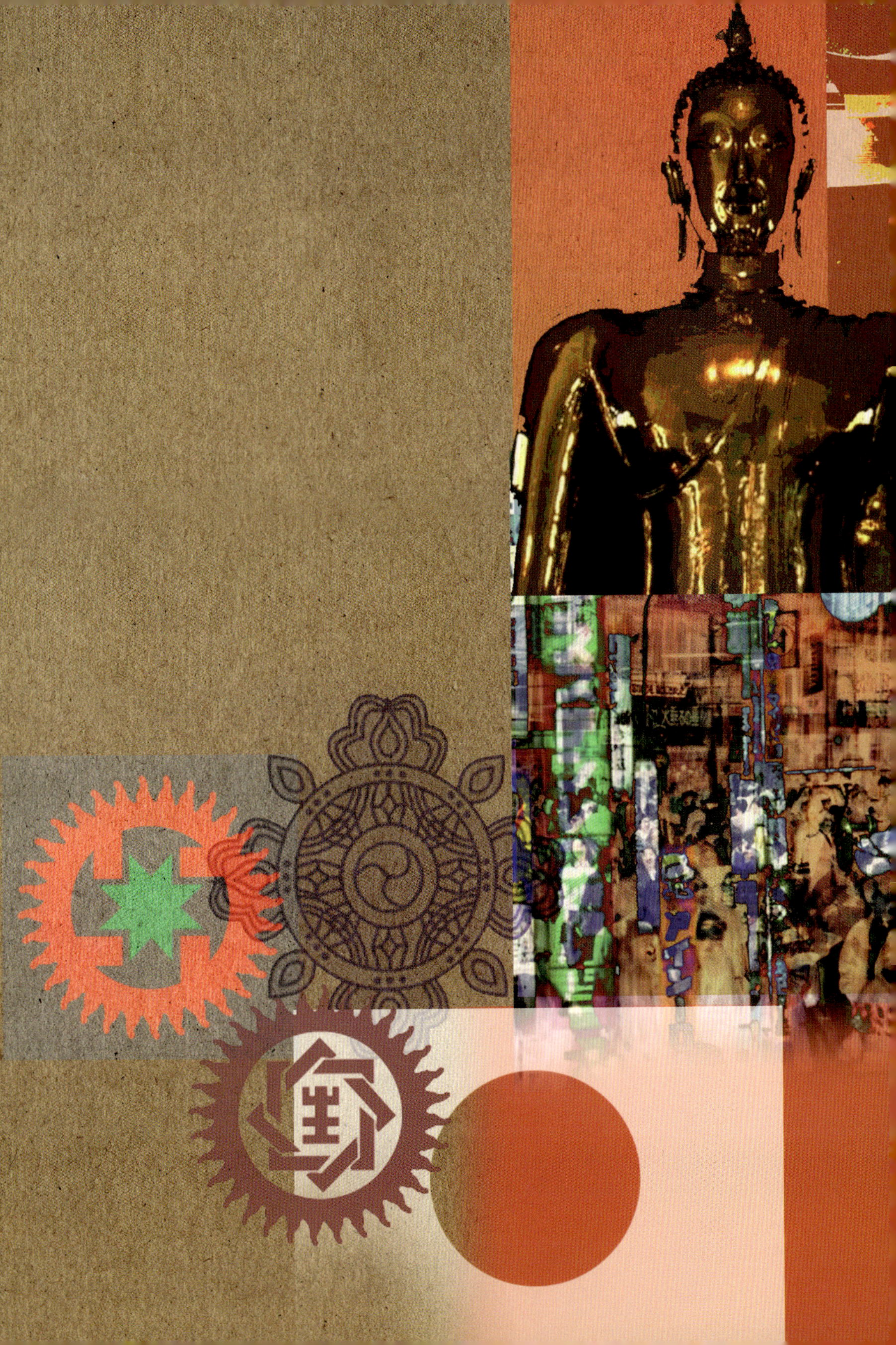

APÊNDICES

FONTES DE INFORMAÇÃO

LIVROS

Animism: Respecting the Living World
[Animismo: respeitando o mundo vivo]
Graham Harvey
(Columbia University Press, 2005)

A Brief Introduction to Hinduism
[Uma breve introdução ao hinduísmo]
A. L. Herman
(Westview Press, 1991)

Buddhist Religions: A Historical Introduction
[Religiões budistas: Uma introdução histórica]
Richard H. Robinson, Willard L. Johnson
e Thanissaro Bhikkhu
(Wadsworth, 2004)

Christian Theology. An Introduction
[Teologia cristã. Uma introdução]
Alister E. McGrath
(Wiley-Blackwell, 2010)

*Contemporary Paganism: Listening People,
Speaking Earth*
[Paganismo contemporâneo: Ouvindo
as pessoas, deixando a Terra falar]
Graham Harvey
(NYU Press, 2000)

*Encountering Religion: An Introduction
to the Religions of the World*
[Encontrando a religião: Uma introdução
às religiões do mundo]
Ian Markham e Tinu Ruparell (eds.)
(Wiley-Blackwell, 2001)

Historical Dictionary of Shamanism
[Dicionário histórico do xamanismo]
Graham Harvey e Robert J. Wallis
(The Scarecrow Press Inc., 2007)

Judaism
[Judaísmo]
Nicholas de Lange
(Oxford University Press, 2003)

*Magic and the Millennium: A Sociological Study
of Religious Movements of Protest among Tribal and
Third-World Peoples*
[Magia e o milênio: Um estudo sociológico dos
movimentos religiosos de protesto entre os povos
tribais e do terceiro mundo]
Bryan R. Wilson
(Harper & Row, 1973)

*The New Believers: A Survey of Sects,
Cults and Alternative Religions*
[Os novos crentes: Um levantamento de seitas,
cultos e religiões alternativas]
David V. Barrett
(Cassell, 2001)

A New Dictionary of Religions
[Um novo dicionário das religiões]
John R. Hinnells (ed.)
(Wiley-Blackwell, 1995)

*New Religions: A Guide – New Religious Movements,
Sects and Alternative Spiritualities*
[Novas religiões: Um guia – Novos movimentos
religiosos, seitas e espiritualidades alternativas]
Christopher Partridge e J. Gordon Melton
(Oxford University Press, 2004)

The Oxford Handbook of New Religious Movements
[O manual Oxford dos novos movimentos religiosos]
James R. Lewis
(Oxford University Press, 2008)

Religion in China
[Religião na China]
Richard C. Bush
(Argus, 1978)

Religion in Contemporary Japan
[Religião no Japão contemporâneo]
Ian Reader
(University of Hawaii Press, 1991)

Religions in Focus: New Approaches to Tradition and Contemporary Practices
[Religiões em foco: Novas abordagens para a tradição e as práticas contemporâneas]
Graham Harvey (ed.)
(Equinox Publishing, 2009)

Religions in the Modern World
[Religiões no mundo moderno]
Linda Woodhead, Hiroko Kawanami, e Christopher Partridge (eds.)
(Routledge, 2009)

Western Muslims and the Future of Islam
[Muçulmanos ocidentais e o futuro do islamismo]
Tariq Ramadan
(Oxford University Press, 2005)

A World Religions Reader
[O livro das religiões do mundo]
Ian Markham e Christy Lohr (eds.)
(Wiley-Blackwell, 2009)

REVISTAS/JORNAIS (em inglês)

International Journal for the Study of New Religions
http://www.equinoxjournals.com/IJSNR

The Journal of the American Academy of Religion
http://jaar.oxfordjournals.org/

Journal of Contemporary Religion
http://www.tandf.co.uk/journals/cjcr

The Journal of Religion
http://www.journals.uchicago.edu

The Journal of Religion and Society
http://moses.creighton.edu/JRS/

Reviews in Religion and Theology
http://www.blackwellpublishing.com/journal.asp

SITES (em inglês)

ABC Online Religion and Ethics Portal
http://www.abc.net.au/religion/
Portal da rede australiana de comunicações ABC, com artigos, comentários e entrevistas sobre religião e ética.

Adherents.com
www.adherents.com
Reunião de mais de 40 mil estatísticas sobre mais de 4 mil religiões e grupos de fiéis ao redor do mundo.

BBC Religion
http://www.bbc.co.uk/religion/
Portal da BBC inglesa, com artigos e links sobre religiões e assuntos relacionados.

CESNUR: Center for Studies on New Religions
http://www.cesnur.org/
Rede internacional de associações de acadêmicos que trabalham no campo dos novos movimentos religiosos.

INFORM: Information Network Focus on Religious Movements
http://www.inform.ac/
Órgão assistencial independente que fornece informação ponderada e atualizada sobre religiões ou movimentos espirituais novos e alternativos.

Religion Facts
www.religionfacts.com
Informação confiável ("só os fatos") sobre várias religiões, com gráficos comparativos bastante úteis.

SOBRE OS COLABORADORES

Richard Bartholomew é doutor pela Escola de Estudos Orientais e Africanos da Universidade de Londres e publica artigos sobre religião e mídia. Tem um blog sobre religião e atualidades que pode ser acessado em http://barthsnotes.wordpress.com/. Também compila índices para livros acadêmicos sobre religião.

Mathew Guest é professor efetivo no departamento de Teologia e Religião da Universidade de Durham, Reino Unido. Dá aulas sobre estudo de religião, religião no Reino Unido contemporâneo e inovações religiosas no mundo moderno, e sua pesquisa se concentra na sociologia do cristianismo evangélico contemporâneo. É autor e editor de cinco livros: *Bishops, Wives and Children: Spiritual Capital Across the Generations* [Bispos, esposas e crianças: Capital espiritual através das gerações] (com Douglas Davies), *Congregational Studies in the UK: Christianity in a Post-Christian Context* [Estudos congregacionais no Reino Unido: Cristandade num contexto pós-cristão] (editado com Karin Tusting e Linda Woodhead), *Religion and Knowledge: Sociological Perspectives* [Religião e conhecimento: Perspectivas sociológicas] (editado com Elisabeth Arweck) e *Evangelical Identity and Contemporary Culture: A Congregational Study in Innovation* [Identidade evangélica e cultura contemporânea: Um estudo congregacional sobre inovação].

Graham Harvey é professor de estudos religiosos na Universidade de Open, Reino Unido, onde divide a cadeira de mestrado em estudos religiosos. Sua pesquisa concentra-se em povos indígenas contemporâneos, em especial da América do Norte e da Oceania, mas também em diáspora. Publicou trabalhos sobre paganismo, e muitas das suas atividades de ensino estão relacionadas a judaísmo, peregrinação e tipos de desempenho da religião.

Russell Re Manning é professor e palestrante na Universidade de Cambridge, Reino Unido. Seus principais interesses são filosofia da religião, teologia e artes, e o diálogo entre ciência e religião. É autor, entre outros, dos livros *The Oxford Handbook of Natural Theology* [O manual Oxford de teologia natural] e *The Cambridge Companion to Paul Tillich* [O livro de bolso Cambridge sobre Paul Tillich].

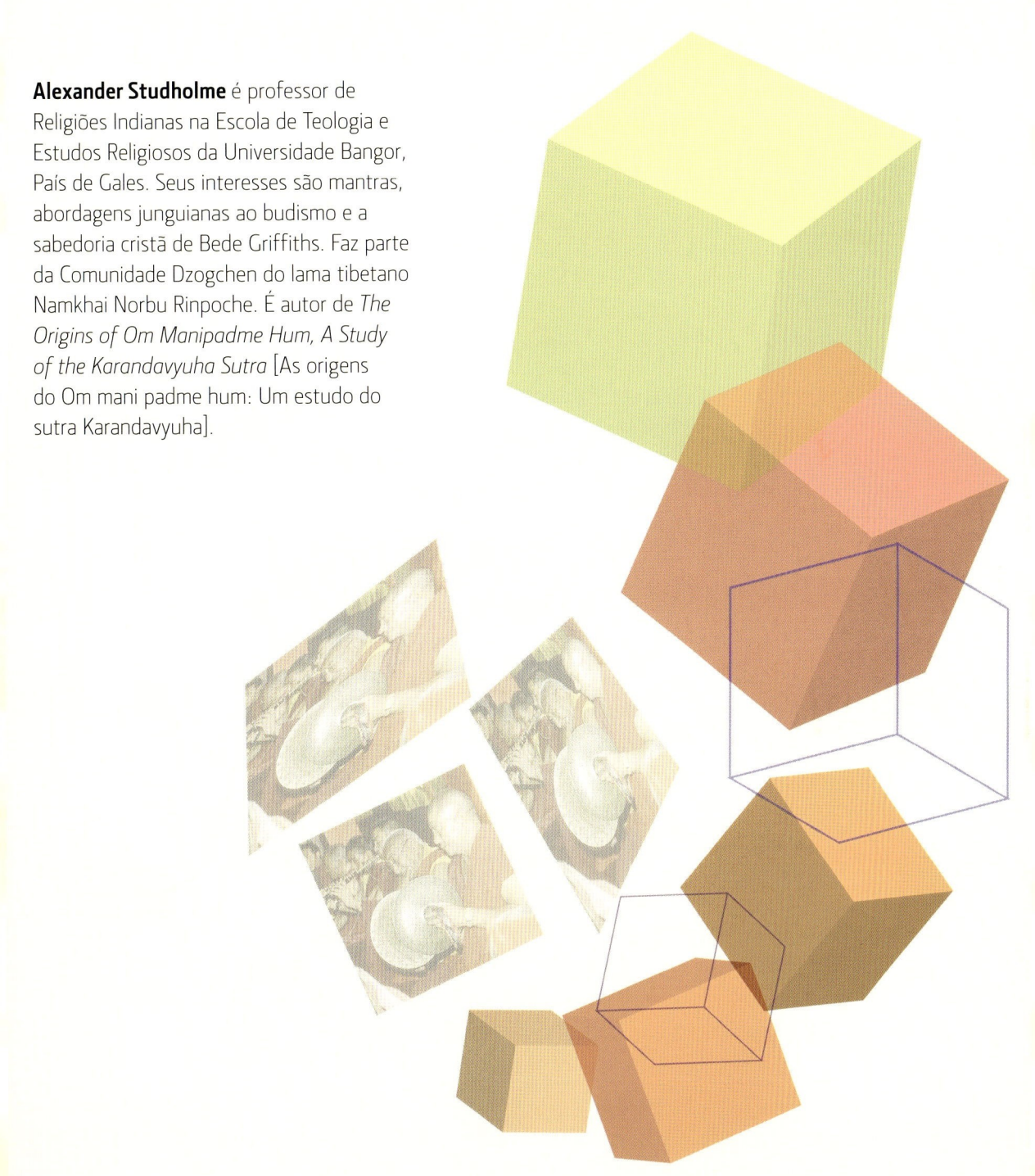

Alexander Studholme é professor de Religiões Indianas na Escola de Teologia e Estudos Religiosos da Universidade Bangor, País de Gales. Seus interesses são mantras, abordagens junguianas ao budismo e a sabedoria cristã de Bede Griffiths. Faz parte da Comunidade Dzogchen do lama tibetano Namkhai Norbu Rinpoche. É autor de *The Origins of Om Manipadme Hum, A Study of the Karandavyuha Sutra* [As origens do Om mani padme hum: Um estudo do sutra Karandavyuha].

ÍNDICE

A
Ahmad, Mirza Ghulam 74
Ahmadiyya 74-5
al-Ghazali 72
Ali 68
Aliança Batista Mundial (BWA) 110
al-Muntazar, Muhammad 68
anglicanismo 92-3
animismo 18-9, 54
Antigo Testamento 65, 87
Arrebatamento 100, 108

B
bahaísmo 76-7, 119
Bahá'u'lláh, 76, 119, 137
batalha espiritual 100, 104
Bhagavad Gita 34-5, 118, 128
Bíblia, A 65, 86-7
Buda, O 36, 144
budismo 36-42, 132, 140, 144, 150
  em geral 24, 36-7
  Mahayana 39, 40-1, 48
  Vajrayana (tântrico) 39

C
calvinismo 90-1
Calvino, João 90
candomblé 126-7
Cânone Páli 38-9
Cao Dai 144-5
carma 30, 32, 42, 128, 140
catolicismo *ver* Igreja Ortodoxa e Catolicismo
Ch'oe Che'u 130
cheondoísmo 130-1
Chuang Tzu 48
Ciência Cristã 114-5
cientologia 146-7
Confúcio 50
confucionismo 24, 50-1, 53, 142, 144
Convenção Batista do Sul (SBC) 110
Corão, O 66, 70-1
Grande Cisma 80, 84
credobatismo 100, 110
cristianismo batista 110-1
cristianismo copta 102-3
cristianismo ortodoxo *ver* Igreja Ortodoxa

D
darma 30, 32
dervixes rodopiantes 72
Dez Mandamentos 65, 90

E
Eddy, Mary Baker 114
episcopalismo *ver* anglicanismo
espiritismo 122-3
Eucaristia 80, 82

F
Falun Gong 140-1
Fox, George 96
Frum, John 138

G
Gandhi, Mohandas 32
glossolalia 100, 104
Guru Granth Sahib 46-7
  Adi Granth 44, 47

H
Hadith 58, 66
Halachá 58, 60
Hare Krishna, movimento 128-9
Henrique VIII, rei da Inglaterra 92
hinduísmo 32-3, 44, 118, 128
Hubbard, L. Ron 146

I
I Ching 52-3
Igreja Católica 82-3, 144
Igreja da Unificação 142-3
Igreja de Jesus Cristo dos Santos dos Últimos Dias 106
Igreja Adventista do Sétimo Dia 112-3
Igreja dos Nativos Americanos 13, 20-1
Igreja Ortodoxa 84-5, 118
iorubá 14-5
ISKCON (Sociedade Internacional para a Consciência de Krishna) 128
islamismo 66-71
  sunita 66-7
  xiita 68-9
Izo, Iburi 132

J
jainismo 42-3
Jesus Cristo 82, 84, 88, 102, 106, 144
John Frum, movimento 138-9
judaísmo 60-3
  judeus hassídicos 58, 60
  judeus ortodoxos 60-1
  judeus reformistas 62-3
  judeus ultraortodoxos 60

K
Krishna 35, 118, 128

L
Lao Tsé 48
Le Van Trung 144
Li Hongzhi 140
luteranismo 88-9
Lutero, Martinho 88, 90, 92

M
Mahavira 42
Maomé, profeta 66, 68, 71
Maria, mãe de Jesus 82, 88
metodismo 94-5
Miki, Nakayama 132
monaquismo 100, 102
Moon, Sun Myung 142
mormonismo 106-7
movimento rastafári 148-9

N
Nanak 44, 47
neopaganismo 120-1
nirvana 31, 36, 40
novas religiões *ver* Shinshukyo
Novo Testamento 87, 110

O
Olodumaré 14

P
pedobatismo 100-1, 110
Pedro, São 82, 124
pentecostalismo 104-5
Prabhupada, Swami A. C. Bhaktivedanta 128
Primeiro Grande Despertar 81, 94

Q
qigong 136, 140
quakers *ver* Sociedade dos Amigos

R
Rave, John 20
reencarnação 137, 144
Reforma Protestante 81, 88
religião mesoamericana 22-3
Russell, Charles Taze 108

S
sabá 101, 112
Selassié, Hailé 148
shenismo 24-5
Shinshukyo 150-1
Singh, Gobind 44, 47
siquismo 44-7
Smith, Joseph 106
Sociedade dos Amigos 96-7
sonho aborígine 16-7
sufismo 72-3
suna 58, 66
sutras 39, 40

T
taoismo 24, 48-9, 53, 130, 140, 144
popular 48
religioso 48
Tenrikyo 132-3
Testemunhas de Jeová 108-9
Torá, A 59, 60, 64-5

V
vodu 124-5

W
Wesley, John 94
White, Ellen G. 112
Wilson, John 20

X
xaria 59, 66
xintoísmo 54-5, 132, 150

Y
yin e yang 48, 53

Z
Zaratustra 26
zoroastrismo 26-7
zumbis 119, 124

AGRADECIMENTOS

CRÉDITOS DAS ILUSTRAÇÕES
A editora gostaria de agradecer aos seguintes indivíduos e organizações pela gentil permissão para reproduzir as imagens neste livro. Não se pouparam esforços para dar o reconhecimento devido às ilustrações; pedimos desculpas por quaisquer omissões não intencionais.

Alamy/Biju: 34; Imagebroker: 38; Doug Steley C.: 52.
Corbis/Reuters/Munish Sharma: 46.
iStockphoto/Karim Hesham: 70.